愛字的人

因爲你對書的愛情，我們存在

目錄

編輯室手記

文／虹風（沙貓）　小小書房店主．小寫出版總編輯

每一年的閱讀調查或出版產業調查報告，總會提醒我們，國人的閱讀率，每人平均一年閱讀的本數為何。年年驚嘆其低，好像也就「習慣」了。每一回看到這些數字，我相信有很多的出版從業人員也都會想：讀者，究竟去哪裡了呢？如何才能讓讀者「回到」閱讀線上呢？

小小作為書籍零售通路，站在與讀者接觸的第一線，對於這些閱讀者的年紀、樣貌、興趣，時間久了便會有一些模模糊糊的輪廓——誰喜歡什麼類型的書，因為什麼原因特別要找哪一類型的書；時事議題、網紅推薦，或者默默地、慢慢地拉住某一些讀者的心的作品……就在我寫下這些文字時，腦海裡也一一浮現這些書與讀者的樣子。

我常常會對一個人的閱讀史感到好奇。

不過，不是想問那種：「改變你一生的書」、「生命中最難忘的閱讀經驗」、「救了你的一本書」……這類切片式的提問；而是沿著時間軸發展的閱讀史：可能會有還不識字前，透過家庭或親友的接觸史、初初識字時的記憶、童年、少年、青年，到我們所定義的成年，進入社會，然後，到站在我眼前的這個人，關於閱讀的回溯。

秉持著「個人即歷史」的信念，當這樣的個人閱讀史沿著時間軸，甚至地理軸線展開時，我相信能夠看到時代的變化、社會對於個人的影響，以及，個人如何透過閱讀，立足在他所處的時代之中。

這也是當初《愛字的人》所設計的架構。我們大約以十年為間隔，從現齡二十至三十、三十至四十、四十至五十、五十至六十、六十至七十，七十至八十歲，每一個區間至少尋找一個與我們熟識的讀者訪談——沿著他們的生命軸線，理出與閱讀相關的軌跡。

最終的結果讓我們感到欣喜。不過，這也是「十年紀念出版計畫」的三本書裡，我們最沒有把握、惶惑，也反覆加訪最多次的一本。沒有把握乃是因為，這次要面對的是個人的生命，他們各自在何時與閱讀產生交集，我們不僅全然毫無概念，也擔憂，是否能夠呈現出最初的假想——它必然與時代、社會產生關聯。但是，間隔長達半世紀的讀者閱讀史裡，我們不僅看見了時代與社會的變遷，在反覆修稿的過程裡，也一再地被感動——閱讀的力量，遠遠大過於我們的想像。

一再地加訪，也印證了，閱讀是一種變動的、流動的歷程——沒有一個人的閱讀是固定在當下的。記憶會使得不同時期的閱讀經驗，獲得不同的色澤或重量。半年前所做的訪問，到了要定稿時，某些閱讀經驗增加或褪色，記憶的浮現，都使得這些訪談的層次更為豐富。

每一篇訪談我們都會標上受訪者的出生年、出生地以及現居地，目前每月的購書金額，讓讀者對於他們的年紀與城鄉狀況有些概念。此外，每篇訪談也都會有一篇前言，引導讀者進入，我們眼前的這位受訪者，與我們的交集。

而最終，這樣的一本書，我們更想要傳遞的，也許是邀請——邀請你一起來回溯、分享你的閱讀史。那將會賦予在這個產業鏈裡最重要的一分子：讀者，清晰的面貌，而不再只是數字、閱讀率，這些模糊的集體印象。

我們希望，這本書會是一把鑰匙，開啟讀者對於訴說閱讀生命史的那扇，多彩、繽紛，通往不同時代的任意門。

六十歲才開始的文史夢
——專訪陳東華

採訪、撰文／虹風
人像攝影／李偉麟

姓名：陳東華
出生年：一九三六年
出生地：新北市永和區
現居地：新北市中和區
從小到大是否跨城市搬遷過居所？是
每月用於購書的金額約：1000元

前言

還沒開書店前，我曾經在永和社區大學（以下簡稱永和社大）看過一本神奇的書，叫《永和常民史》，作者是陳東華，是永和社大文史社的顧問。不過，當時我並不認識他，對永和的興趣也僅止於生活層面，無時間深度，也毫無地理廣度。一直到在永和開書店、也在永和住了將近十年之後，才開始萌生對於這塊土地歷史的興趣，也很自然地，會想要去蒐集跟永和相關的歷史、文學等等相關的史料——這時，那本書，浮現腦海。

跟陳東華老師認識的緣分，是從書店賣這本書開始。那麼，為了將這本書推廣給更多的讀者，很自然就在書店裡辦了永和文史的分享會——那一場分享會，陳東華老師帶來了他跟社大文史社共同製作的《永和百景地圖》，座談裡到底還講了哪些內容，我不記得了，但當時，我印象最深刻的一件事情是，老師非常開心地說，已經很久沒有看到那麼多對於文史有興趣的年輕面孔了。

那句話，是小小後來數年舉辦「永和在地文史小旅行」的契機與源頭——為了讓深耕於文史的資深工作者，能夠將他們所學、所知、所得，傳遞給下一代，廣傳給更多可能會對文史工作有興趣的讀者，我們在內心裡悄悄許下的願望、埋下的種子。

認識陳東華老師更多，也是因為這幾年舉辦的永和文史漫步之故。即便跟著他走過永和許多街巷，每一次都還是不免驚嘆，在他腦海裡的地圖、街景，仿若還是半世紀以前的模樣。譬如，現在保福路二段，已經成為雍河院社區大廈處，曾經是一整排的紅磚老屋，他曾指著若干老屋遺留的土角厝牆遺跡，告訴我們這種牆面的工法，以及，因為永和以前常淹水，所以剩下的這種遺跡不多……等等；記得他從頂溪捷運站帶我們走向文化路時，人手一張他手繪的簡圖，上面標示著中正橋下右手邊下來，半世紀以前每一間店家的名稱；再轉進文化路，那裡曾是永和戲院、戲院門口附近有攤販聚集、早上有菜市場，是永和最早的菜市場……等等。

已經八十幾歲的他，不只記性讓我驚訝、腳力讓我驚嘆，更讚嘆的是他對於文史像似永無止境的熱情。每一回碰面，他都帶來一些他蒐集到的、更新的永和文史資料，校對了哪些錯誤……每回，都要對我諄諄教誨好幾個小時。他不僅是我的地方文史老師，我相信，也是很多年輕一輩地方文史工作者的前輩。

這次訪談，於我，像是要解答一個長久以來的疑惑：這個從小家裡窮苦、種菜為生、連初中都未能畢業，成年之後以經營專業室內植栽為業的男子，卻是出了兩本地方文史書的作者、「永和舊地名」調查計畫[1]的主持人。他的家庭背景、求學與閱讀經歷為何，以及，是為何、從何時開始，對地方文史有這麼大的熱情的？

訪談

問：您出生的時候還是日治時期，可否談一談家庭裡您與兄長的求學狀況？

答：我父母最早在基隆住一段時間，我姑丈楊潤波是楊仲佐[2]的弟弟。那時姑丈在基隆店開得很大，賣米、糖、油之類，因為生意擴張，所以叫我父親去基隆幫忙。後來可能姑丈的店沒開了，就搬回永和，回永和之後，就做tiàh-tshik-á（糴粟仔，意為稻穀生意。糴，tiàh，買進穀物；粟仔，tshik-á，稻穀）。那時候的稻穀要用lí-á-khah（臺車、手拉車，源自日語「リヤカー」）載的。永和那時有橡皮的手拉車跟孔明車，我父親算是最早有這兩種車子的。父親的稻穀生意做了幾年，到我出生之後就沒賣了，換去種菜，種日本人要吃的菜，就我書上有寫，種lin-jin（紅蘿蔔，源自日語「にんじん」，日語漢字為「人参」）啦、牛蒡啦，還有山芋薯，就是山藥。

我老爸是在挖竹筍的時候突然過世的，那時我六歲；那我老母是家庭主婦啊，照顧小孩、然後養豬。我大哥是民國七年生、二哥是民國十年，三哥多我十一歲，所以是民國十四年生的。大哥、二哥跟三哥跟我都是讀溪洲國小，但是他們那時候讀的是日本學校、讀日本書、說日本話。到我讀的時候，我也是讀日本書讀到四年級，光復後，就是從四年級接下去，五年級六年級讀ㄅㄆㄇ，學國語，等於是前一半讀日本話，後一半是學國語，水準就很低啊，識字很少。

民國三十七年溪州國民學校第三屆畢業生合照，東華老師為倒數第二排，右邊數來第九位。照片提供：陳東華。

我小學的時候有兩班，男女各一班，到六年級再改為升學班與不升學班，我是參加升學班，一班都有六十多位。那時我念六年級升學班，學校的徐校長晚上還免費幫我們補習，他也是很關心為什麼我們程度會這麼差。跟戰時也有關係啦，要跑空襲還要念書，心力跟時間都不夠。

那個時候我們鄉下也沒有人在買報紙，要到我差不多十五、六歲才有《徵信新聞》，開始有報紙的時候我們就買了，直接派送到家裡，有看報紙才會認識一點現代化。我都看報紙的副刊，所以報紙是從那個時候看到現在，是我的精神糧食。

問：家裡面那時有沒有誰是很愛讀書的？

答：我大哥就是最愛讀書的，他都第一名，怎麼不愛讀書？我媽說他整天抱著一本書在那邊，他後來讀到臺北師範學校（今國立臺北教育大學），那時永和能夠考上這間學校的沒幾個人。但是他讀的是日本書，我看不太懂。

問：國小畢業之後有繼續升學嗎？

答：小學六年級我的成績大約在十多名，老師說你們農家最好是讀夜間部，白天可以做事。我們那一屆成績很差，第一名考上大同工專，第二名考上成功中學，有的念農校、有的是市立或私立初中，升學率只有兩成多；初中我是考上臺北開封街的福星初中夜間部，現在小學還在。因為成績不好，所以才念夜間部，我也不太會讀書，白天要工作，晚上太累了，到那邊上課都想睡覺了。白天本來是去種菜，後來就去牽砂石仔，就是搬砂石，永和很多，採砂石是當時永和最大的副業。

那時候日子很苦，大家都沒有工作，沒有工作就沒地方賺錢、沒有人要聘你，所以那個時候，我們就是種菜，可是沒有種田，如果種田就有米可吃，我們種菜喔，要去買米很貴，菜便宜，米很貴。民國三十六年二二八嘛，那個時候也一樣很難過，日本人回去之後，二次大戰工廠被破壞，我們的工業還沒有開始，大家都沒有工作，民國三十七年，一年做了兩次大風颱（颱風），我們的菜園都淹沒了、竹筍因為風颱吹倒後就整個流走了。那個時候米多貴？米一斤二元，一個人做一天才賺四元而已。因為沒有飯可吃，不得已我二哥就去招一個會，一個一百元，標二十份兩千元，兩千元去買一臺臺車，那時候的臺車，是用日本時代黑頭汽車的廢棄車輪，去廈門街的一間修車店車輪再造——請他們在輪胎外面再加裝了一圈橡皮上去再製造。因為是再造的不堅固，所以氣不敢打太滿怕爆胎，爆胎就破產了。但氣打不滿拉起來又比較重，所以後來輪胎都換飛機輪胎，那一定不會爆胎，但是拉起來就比較笨重。

因為臺車很重，所以我二哥在牽，我在後面推，那時候我十三、十四歲，像大人一樣，兩個人這樣勉強推一臺車。做一年之後，民國三十八年，臺北發生七洋公司的金融風暴，一些建設公司都倒了，房子就沒有人建，牽砂石仔的工作也就沒有了，所以又得回去種菜來賣。我們的工頭王連江跑去開豆腐店，就是現在永和豆漿的起源店。

問：到十四、五歲差不多是初中畢業了，是嗎？

答：我沒有讀畢業。彼陣仔（那時候）我們中正橋這邊，發生兩個命案，還有一個許老師被人抓去關在那個橋頭的麵店，被人打得牙齒斷了好幾根。那邊晚上橋上沒有電火（電燈），我後來就書讀得很艱苦，我們有兩、三個一起念的，後來都沒有去了；然後也是白天工作、晚上讀書，太累了。我們都是傍晚、天色快暗的時候，走路過中正橋到廈門街，以前五號公車在那邊搭，坐到城內，下車後再走路十幾分鐘到開封街，下課差不多十點。

其實我本來是考到北商跟福星，我同學他們兩個北商都沒上，為了要在一起念書，三個都一起讀福星，後來三個都一起休學。

問：那時在學校都念些什麼？

答：跟現在應該差不多一樣，國文、英文什麼的都有，可是英文讀不太來。工作太累，基礎又不好。那時候家裡面雖然沒什麼錢，但我二哥他是如果我要讀，他是會讓我讀，可是我後來說我夜間部不讀了，我要讀白天的，晚上我受不了，他也有去幫我找，後來找到私立，不適合我，所以最後也沒有轉。

還有就是那時候家裡很辛苦啦，賺錢比較有趣、種菜去賣比較有趣啊，有錢比較有興趣。初中之後就沒有繼續升學了，但是我有讀補習班。永和仁愛路口、永和路（今永和路二段）邊有一間店在教國語，我就去補習。不是為了要去考試，是因為我們講國語比較頇顢（笨拙），缺少訓練，所以就自己去補，才跟得上時代。有那種補習班，專門教像我們這種比較不會講的，學費很便宜，沒多少錢，但那也是算是在做生意的，開不久就結束了。

不過，有一個我跟他補習過，後來是板橋一間中學的校長，本來他不知道是在七堵還是哪裡開，後來沒開了，移到我們永和，我們晚上去跟他補習，那個不用錢的，他就愛教孩子，是興趣，我們就去他家裡面讀。

然後也有「讀」臺語的。讀臺語是去牯嶺街那邊，那個我們讀的臺語跟講話的臺語不一樣，讀的那個叫漢文、文音，跟講話的白音不一樣，讀音也就是文音。

問：臺語是跟誰學？

答：一個叫杜仰山的老師，他後來有去寫我們這個恩主公（關公）的經，他水準很高，他是在建國中學教書，光復之後還繼續住在那個宿舍。我們是暗時（晚上）在路上看到說，怎麼有人拿著手巾包要到臺北去，我就問說你們是在幹嘛？他們說暗時去牯嶺街補習，我就跟著他們去補臺語。

問：跟著去的那一群是哪裡的人？

答：都是永和下溪洲人。

問：他們為什麼要補臺語？

答：那個時候的人就有的比較骨力（勤勞）就加減讀，每個人都想要識字。

問：您在那邊補習多久？

答：補差不多一年多的樣子，但是也讀得不深，有得到很多啦。

問：他有用什麼讀本嗎？

答：有啊，讀《古文觀止》、四書。但是就隨便你自由讀，也沒有要考試或什麼，就教你，你要不要讀都好。

問：國語呢？補多久？

答：國語喔？也沒有多久耶，那都是讀了一陣子就散了，以後有機會再找。後來我當兵的時候也都去補習，補英文、補臺語、補什麼……對語言很有興趣。

問：那時候有在看書了嗎？

答：很少啦，那個時候人家在唸歌，會跟著看歌譜而已。但我到現在還是很喜歡唱，留著很多歌譜；或是聽la-ji-ooh（收音機，源自日語「ラジオ」）有在講《三國志》或什麼的故事，晚上有時候會聽。

問：不會想去找書來看？老師會鼓勵嗎？或有書店？

答：書很有限，我也是愛看。書店在重慶南路應該也是有，但我沒有去過。彼陣ê冊（那時的書），阮學校ê冊上頭都寫是東方出版社。東方出版社那間大樓就是日本人辦的新高堂書店留下來的。

問：您剛剛說您當兵的時候也會去補習，在哪裡當兵的時候？

答：我民國四十六年當兵，二十足歲的時候，當空軍，當三年。那時候空軍跟陸軍不一樣，空軍跟海軍要當三年，陸軍是當兩年。那時候是用體位分，體位到甲的，甲以上的才可以當海軍跟空軍。在北港訓練基地受訓，分配後是到屏東機場，我是飛虎不知道第幾期的，十三期還是幾期。

民國四十六年入伍，於屏東機場服役。照片提供：陳東華。

屏東南機場離屏東市不太遠，晚上都跑出來補習，玩兼補習，補英文、也有讀臺語，自己去找，看人家在教，我們就去。本來軍人不能參加外面的活動，我的指導員看我們讀書是好事，所以就沒有禁止我們出去。

問：那個時候軍中有沒有什麼《軍中文藝》之類的？或是會看什麼書了嗎？

答：書都加減看，《軍中文藝》屏東那邊比較沒有，所以主要都是看報紙、報紙副刊看透透。

問：當完兵三年之後，就回來永和嗎？是回來才認識您太太、結婚的嗎？

答：對，當完兵就回永和。不過我在當兵的時候，就認識我太太，我親戚跟我介紹我太太。我太太是在基隆幫她叔叔顧店，後來又去臺南她阿姑的赤崁樓戲院幫忙，我在屏東當兵時會去臺南找她。

問：這樣算是相親嗎？

答：相親，回來隔一年之後才訂婚跟結婚。

問：所以您當兵的時候都沒有談自由戀愛？

答：那個沒有什麼啦，是跟同學多少有一些而已。

問：那個時候不流行是不是？

答：不是說沒有，任何時代都有，我們比較保守，比較不敢。

問：結婚之後也是住永和，家庭的經濟狀況有好轉嗎？什麼機緣開始接觸地方文史工作？

答：結婚之後，因為我們原來的地被政府徵收去做堤防，差不多民國五十二年的時候，徵收拿了一些錢，所以就在現在的秀山國小旁邊買這塊地，從這邊重新開始。

原先在中正橋頭那邊就有人種花、也有花市，永和種花出名，楊仲佐是第一代，博愛街那邊當時跟著他一起種花的是第二代，到民國三十九年，國民政府遷到臺北、外省人來了以後有需求，我們開始種花，算是第三代，就種一些木本的，像扶桑花、七里香、玉蘭，下港在種的那些花我們都有種。我們還是有種菜，種菜賺的錢才去買花種，後來正盛興盆花的時候，室內觀葉植物全省我們是做最大的。

也有種切花，博愛街那邊都種切花、種康乃馨，康乃馨在日本時代說是「剪絨」。還有福蘭最多——就是劍蘭，劍蘭以前叫做福蘭。菊花也有種，菊花種的又不一樣，菊花是秋天開的，我們以前十月三十一日是老蔣的生日，每年都有舉辦一個菊花比賽，機關、學校都會來參加。

所以，我等於是從小時候就開始種菜，差不多十七、八歲開始種花，這樣賣菜、種花，很拼命工作，賣菜開始有盈餘了，慢慢家庭經濟環境改善。

到社大開的時候，是民國八十八年，我已經六十二歲了，看到有文史的課，想說，這個最合我意，因為我對地方史什麼的這些，很有興趣，對小說之類的比較沒興趣。

問：您是怎麼知道永和社大的？

答：我是看報紙的時候看到的，第一期我就趕緊先去報名了，那時手受傷、抬不高了，工作也都差不多交給姪子做。我其實很愛讀書，來社大就遇到文史社的李順仁老師，他比我兒子還小，可是一樣，一日為師啊，也像是我的老爸一樣，他叫我陳爸爸（笑）。李老師覺得跟我談得很投機，因為我有那個底子。

那時候文史社一個班三十到五十個人，很熱鬧。文史社前五年是我老師在教，五年後就換我了，換我之後，再教了差不多十年。我想說我負擔太重了，要培養一些年輕人，責任想要放給他們了，不要再全部放我身上。

永和社區大學地方文史社合照。照片提供：陳東華。

問：除了文史社之外，在社大還上些什麼課？對您閱讀、寫作上的影響為何？

答：還上民族學、臺語啦，跟地球科學，一個星期最多上到四天，很累喔，因為那個時候也很用心。我也都沒有休息啊，只是後來課程比較少，但是我就沒有休息，繼續在讀。我當兵之後結婚生女兒、生兒子，工作很忙，後來去社大上課，實際上我先前的基礎也不好啦，所以等於是六十多歲才開始會讀、會寫這樣。社大的影響很大。

問：後來換您主持文史社時，都去哪裡找資料、準備講義？

答：當時會參考《台灣農家要覽》、《兒童百科全書》整套、《形音義綜合大字典》、《國音學》、臺語字典，資料很多；另外也會參考像《永和市誌》這類史料啊，不過，問題就是找了之後，發現很多錯誤，要去糾正這些錯誤，大家反而不聽，反而相信這些錯誤的資料。面對這些資料時，還是要靠生活歷練、踏查、訪問去核實。像之前我接受內政部的委託，做永和的舊地名調查時，就發現，一些文史資料會寫瓦窯溝是灌溉水溝。可是，要淹田的水溝，一定要高於田，所以當史料說，瓦窯溝是灌溉水溝時，那就不合理啦。水哪有辦法從下面淹上來？這是一般的常識。瓦窯溝是消水溝（排水溝），不是灌溉水溝。

所以我們做《永和百景地圖》時，都要我帶著社團的人，親身去找這些點。靠自己的記憶之外，要再去訪問附近的人、耆老，當然老一輩的也不見得說得對。要找資料、要親自去跑。

《兒童百科全書》。攝影：吳欣瑋。

《尋訪凱達格蘭族》、《尋找武勝灣》、《阿堂哥行腳台灣》、《重修永和鎮誌》。攝影：李偉麟。

我找這一百點，你以為很簡單噢，都要問很多我的同學的耶！

問：您後來寫《永和常民史》的時候，有參考哪些資料嗎？有沒有可以推薦給我們的？

答：除了前面講到的《台灣農家要覽》、《兒童百科全書》之外，我們文史社的老師李順仁有寫一本《尋訪凱達格蘭族》，裡面有寫到永和的秀朗社，但主要很多時候都要親身去訪問。幾年前宜蘭的利澤簡紀念「開蘭兩百年」的時候，我就去參加、採訪。利澤簡是平埔族語，有一個流流社，流流社是噶瑪蘭的其中一社，噶瑪蘭一共有三十幾個社，漢人來之後，很多就移往花東海岸，所以那次紀念會，花蓮噶瑪蘭族也有很多人去。這些歷史，我都很有興趣。

或是像《尋找武勝灣：板橋武勝灣平埔歷史文化調查》，最近才出的，講板橋的平埔族歷史。

《永和常民史》、《永和的第一》分別於二〇〇五年、二〇〇九年出版。攝影：吳欣瑋。

文史的部分，像莊華堂的書，他是專門研究安坑地區文史的，他不只研究那邊的歷史，也寫散文，像《阿堂哥行腳台灣》、小說「巴宰海三部曲」系列……他的書我都有蒐集。我們曾經跟他還有莊永明先生，一起去新店獅頭山，三峽跟新店的界山，去那裡探查隘勇線的遺跡。像中和圓通寺旁墳墓崩塌處附近，也有一個防番牆，但是這個防番，到底是在防平埔族？還是防泰雅族？就有問題了。照理講，應該是防平埔族，因為我們漢人來的時候，把他們趕到山裡去，他們心裡還是不服的。像這些歷史就需要透過古資料，或是訪問再確認。

問：後來老師還寫了《永和的第一》，出版兩本書、也主持文史社那麼久，做了

《永和百景地圖》，六十幾歲之後的人生還能夠看這麼多書、做這麼多事，可以用簡單的幾句話表達您的感想嗎？

答：我的書的編輯，都是第三個女兒做的，所以我的力量不是我一個人的，還包括社大文史社的。如果你能做到九十分，剩下的十分才真的是難。剩下的十分，都是要靠別人的。

編註

1 為二〇〇二年六月，由永和社大地方文史社所承接的「行政院內政部地名調查——永和舊地名」計畫，計畫主持人為陳東華，小組成員為歐長欣、康景昕、陳寶鳳、顏麗琴、柳鑾祝。

2 楊仲佐（一八七五—一九六八），永和仕紳、詩人、園藝家，為畫家楊三郎的父親，永和現為三級古蹟的「網溪別墅」，即為楊仲佐所興建。（整理自陳東華，《永和的第一》，二〇〇九，臺北：陳東華出版，頁八—九）

顛沛流離的年代與生命，閱讀如何可能？

——專訪秦曉芬

採訪、撰文／虹風　攝影／李偉麟

姓名：秦曉芬
出生年：一九四三年
出生地：上海
現居地：新北市永和
從小到大是否跨城市搬遷過居所？是
每月用於購書的金額約：1000—2000元

前言

十多年前，在永和社區大學帶課期間，我認識了這位，後來對我而言，非常珍貴的「學生」——她的女兒跟我幾乎同年，按理，我應當要稱她「秦媽媽」或「秦老師」，然而，她每回上課見面時，總是輕柔、開心且熱切地喊我一聲「老師～」。一開始我感到有些彆扭——那時，我還不是那麼習慣被稱為「老師」，直到有一次，她跟我說，她當了一輩子的老師，現在可以做學生，她很開心，能夠喊我一聲「老師」，會讓她感受到重做學生的快樂。

在那之後，每回她稱我「老師」時，心裡總會漾起一種很特殊的溫柔感受。

在社大的文學課程裡，有許多學員都是很久沒有接觸文學作品、或者閱讀經驗較少的學員，每個人的基礎雖然不同，但他們對於文學作品的領悟力與共鳴是非常強烈的。在學員之間，曉芬不僅領悟力高，且非常好奇、用功、勤於筆記。認識久了以後，我發現，教了一輩子的國中生物、理化的她，其藝術才能著實讓我驚嘆，常常會想她是否根本「入錯行」？

小小成立之後，她便來參加書店裡的讀書會，也會拿她的畫來跟我分享。有一回，她帶了一系列非常細膩的、像是從顯微鏡裡觀察生物細胞般綺麗的繪畫圖像——那的確是她從顯微鏡底下觀察細胞之後，重新發揮成藝術圖像的創作。後來，我們不僅在書店舉辦畫展[1]，也為那次的畫展，印製了美麗的明信片。不僅於此，後來她還帶了一系列素描女體的練習——那些素描，以簡約、流暢線條，勾勒出女體的溫潤曲線與輪廓，讓人感到女性軀體的自然與力度，像是那樣的肉體裡，蘊含著大自然最為本質的事物一樣。

不過，因為某些原因，她沒有繼續那一系列的創作，讓我覺得很可惜。

認識曉芬多年，她對閱讀的品味與共鳴、持續力令我印象深刻；每回碰面，聊起近期閱讀的當代小說，她發亮的眼神、熱切的讚嘆與精準的評論，總會讓我感到安心。

這是一個，從閱讀裡獲得了支持的靈魂。

因緣於這次的訪談，我也才能有機會深入探究：在那好奇的、求知若渴的靈魂背後，擁有什麼樣的歷程，使得她對於閱讀永不厭倦。

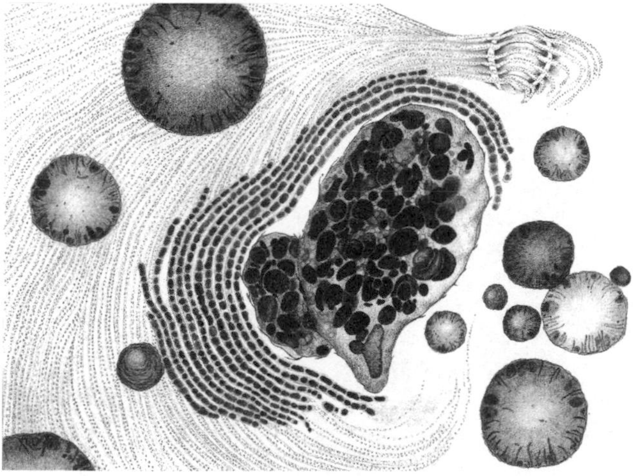

曉芬畫作〈大宇宙．小角落〉印製成的明信片。

訪談

問：有記憶開始「閱讀」這件事情，大概是什麼年紀？

答：我是在上海出生，六歲（一九四九）的時候跟著家裡面離開上海以後，就先到臺灣，在基隆住過一陣，又到臺北待一陣子，大人覺得臺灣沒什麼出路，所以又到香港。到了香港以後很不安定，因為香港本地人很排外，太多難民同時進入到香港，連你去排隊提個井水都會打架，一聲吆喝一群人拿了扁擔就出來了，所以就常搬家。

在香港有時根本已經沒辦法謀生，很多難民會聚集在某一個山坡上。在那裡，只要看到、聽到有人口音跟我們老家很相近的，我爸爸就會去跟他們聊一聊。他們說，「我們在九龍飛機庫要蓋一些木頭房子，你們來吧。」我們因此暫時有了地方住。但住不多久，又是不停地搬，根本沒有一個固定、很安定的居住地。

小學中低年級在九龍一個中文學校念書。因為經濟關係，那時候是生活第一，有些時候要去工廠車衣服，或者那時候很流行穿繡珠珠的旗袍、手提袋，我就去繡珠珠啊，做很多類似這種手工的東西，所以上學時間也很不穩定，加上整天搬家，上學就斷斷續續地上，對閱讀的印象也就很模糊。

但是家裡肯定是有書的，而且自己很珍惜。有件事情我記得很清楚：在香港念小學的時候，有同學跟我借書帶回家，很久都不還，有一天我到他家裡去，很生氣的發現，他把我借給他那本書，墊在黑黑的飯鍋下面，我的書的封面，就弄得好髒好髒，我簡直傷心透頂，好生氣。唉，這件事我記得，可是你問我書的內容，我不記得了。

問：在那麼困難的情況下，父母對於您的學習、閱讀狀況如何支持？

答：我覺得人的學習跟大環境有關係，跟小時候的耳濡目染也有關係。我的外祖父是很洋派的人，我們那時住上海外灘公園後面的禮查村，外祖父母可能是住霞飛路，兩人祖上有很多地產、房產，是富有人家，外祖母家裡有溫室花房。像我媽媽很愛唱流行歌曲，非常愛唱，所以我四歲的時候，上夜總會玩曾經被大人抱上臺去唱歌。那時候正好是抗日戰爭勝利以後、內戰已經開始，很腐敗的那一段時間。那些歌曲有一部分是懷舊的：例如「……從今以後我們闔家團圓……孩子，你靠近母親的懷抱……」，類似這樣的歌；要不就是一片歌舞昇平的歌，像《夜上海》、《我等著你回來》等等。有些歌詞寫得非常好，有時候一首歌的歌詞，就像講了一個很豐富的故事，印象非常深刻，像「冬夜裡吹來一陣風，心底死水起了波動……」。

六歲到香港，我爸爸在我十二歲的時候過世了。他過世以後，整個家庭要努力生存，每一個人都要付諸努力。爸爸原先是上海《申報》跟《大公報》的記者，我媽媽也是。他們兩個都是記者出身，不過，媽媽結婚以後，就沒有做記者工作。到了香港以後，找不到記者工作，他們有些朋友較早一點去到香港的，也已經填滿實缺，所以我父母能做些什麼呢？香港有很多遊客，我爸爸、媽媽就在旅館的櫃檯、出入境的機場口，贈送旅遊手冊，手冊上會報導旅遊景點，刊登各種廣告，他們就靠拉廣告，幫人家做廣告設計，印製手冊賺錢。

我爸爸來往的都是文化界的人，像有位導演叫易文，翻譯過一本小說叫《玖德——小時間老人》，他也做導演、也寫歌詞，例如董佩佩唱的《第二春》。他夫人是我媽媽在上海的同事，也是女記者，她到香港後畫國畫，並畫出別具風格的畫來。來來往往的人裡面，也有很多是作家，像徐訏，像牧人，還有劉以鬯，是我爸爸比較年輕一輩的同事；爸爸的好朋友像鍾文玲，後來在新加坡南洋日報做編輯……等等，所以我們小孩子就耳濡目染，自然看到書本就要看，其實有很多書我都是超年齡看的。有時候爸爸帶我見他的老朋友，就會說：「哎啊你書架上書那麼多，你就介紹一本給她嘛！」所以他們就會說：「小妹妹，你去挑，你喜歡的你就帶走。」可是印象最深刻的只有徐訏寫的《風蕭蕭》，其他的我都不記得了。

可能當時看也是囫圇吞棗，並不是真的適合我那個年齡。那時候看世間萬象，可能比看書更打動我，比方說，在馬路上時不時碰到從上海來的長輩們，常常說起逃難經過，互相驚嘆一番。在學校讀書，同學之間也有很多成長中的故事，有趣的事情很多。

所以雖說上學上得斷斷續續，其實也就是沒有完全中斷；雖然常搬家，但和藝文方面還是有接觸到。

問：等於這段時期，因為經濟跟環境的因素，閱讀的來源跟影響，主要是由父親的友人那裡提供的超齡讀物。其他還有嗎？像是學校老師？

答：在香港念小學的時候，我認了一位等於是乾爹一樣的老師。那時候在九龍我家附近，有一個社區，社區裡面住的都是電影人，不是導演就是演員什麼的，然後他們每個禮拜會聚在一起唱平劇，清唱、只有胡琴伴奏，我姊姊跟我都很好奇，我們都會進去聽，在那裡認識的這位老師，教我們唱平劇，我唱青衣，我姊姊唱大花臉，平劇裡面的那些故事，對我也有很大影響。

這位老師有一間木頭房子，好像一臺小貨車一樣，下面有輪子可以推，房子裡面空間小小的，有一些木頭的凳子，四周靠牆全部是連環圖（漫畫書），幾毛錢就能租書看，要不就蹲在外面地上這樣看看看。我每次去他那裡，他就：「嗯，這套不錯」，拿給我看，「那套不錯」，也拿給我看，可是裡面內容我也通通忘記了。

那位老師後來在香港友聯出版社工作，我去過他住的地方，就跟他原來的小書屋一樣，一張行軍床，放在房間的正中央，四周靠牆從地面到屋頂都是書，他就睡那中間，讓我印象非常之深，有點羨慕的感覺。

有一段時間我在電影院門口賣電影雜誌，電影開演了也沒有什麼人，我就進去了。不過奇怪，我看了好多電影，卻也都忘得差不多了。不過，這之前的看書或看電影，必定滋潤到我成長的歲月吧！

問：後來是怎麼到臺灣來的？

答：我外祖父母家很有錢，可是我爸爸家是上海浦東鄉下種田的，從小就離開浦東到上海去打天下。媽媽念上海很有名的瑪爾堂中學，學校功課非常好，好到高中一畢業，修女就給她一張聘書，要她留下來教初中生。但她在高中的時候，我爸爸就每天在學校門口等她，所以大概她高中畢業後，就跟我爸爸叛逆的私奔、結婚。結婚以後懷了姊姊，那時候正對日本抗戰，全家逃到浦東鄉下去。我爸爸那時候，被日本憲兵隊抓去很長一段時間——非但日本人抓他，抗日戰爭後因為《大公報》啊、《申報》都是國民黨的，所以，共軍到上海也要抓他，因此他比我們早離開大陸。

我爸爸先到舟山群島的定海鎮，那時候舟山還是國軍守的，然後媽媽就帶著我們三個小孩沿著長江，坐了漁船，也到了定海鎮上面，在島上他們兩個常錯身而過，小小的一個咖啡廳，一個推門進去，一個推另外一扇門出來。後來好不容易見到面了，那之後他們沒有再分開過。

到了香港，差不多我十六歲的時候，我爸爸已經過世，媽媽覺得自己身體不好了，心臟出了問題，可是已經有四個孩子嘛，她帶著我們四個孩子，實在太累了，那麼，臺灣有我舅舅在，所以她就考慮，假如帶著我們到臺灣，至少我們四個小孩的教育可以持續，可以完成我們的學業，她比較擔心這個。到臺灣來，遇到再婚的機緣，透過朋友介紹認識，嫁給一個曾經做過天津市議員的先生。

我這位繼父，在大陸其實是有家人的，兒子、女兒一大堆。所以他當初跟我媽媽求婚的時候說：「我的小孩跟你的小孩加起來正好十個。」他也真的對我們像是對自己的孩子一樣，沒話說，我們四姊弟都感念在心。兩岸開放以後，他的小孩曾到香港去跟他團聚過一次。後來，我繼父在臺北過世之後，我先生跟我弟弟一起送繼父的骨灰回天津。

可我十六歲從香港搬到臺灣的時候，我小學都還沒有畢業，只有英文書院小學五年級程度。

問：到臺灣之後，中斷的學業如何繼續的呢？

答：我們是民國四十七年來的，因為我只念到等於英文書院的五年級，所以我繼父就請了一位朋友的太太，應該也是在當老師，到家裡來教我，大概教了兩、三個月吧，過了那個暑假，我就去考插班考，考初二，在以前外南村的建中分校，應該是在中和。

問：五年級插班考初二，也滿厲害的。

答：在那之前程度真的很差啊。補數學的時候，有小數位的，我就不會怎麼加減了，更不要說乘除啦，再像開根號，都是很夢幻的字眼。

問：才補兩個月就都知道囉？

答：噢，大概從五月補到八月吧，嗯，進度非常快。我到了外南村建中分校以後，全校的老師都知道，二年三班，女生班，有個學生從上課到下課，眼睛都不眨一下的，一直看著黑板，看著老師，很專心。

問：那時候是很喜歡念書？課堂之外的閱讀習慣如何？

答：很認真。說不上喜歡，只是非常認真。很難得有一個這麼安定的，可以讀書的機會。建中分校是初中，然後就上北一女，北一女三年以後，就上大學了。不過，到了高中好像對念書有點厭倦，尤其是考大學的時候，每天不知道自己在混什麼。

但高中的時候圖書館倒跑得很勤快，學校圖書館管借書的那位老師，過了十幾年後在馬路上碰面還認得我。那時候最風靡的是大仲馬的《三劍客》，一本接一本，我每次還書的時候都會問：「還有沒有、還有沒有？」他就看我一眼，進去再拿兩本出來。還他的時候又問：「還有沒有、還有沒有？」他就拿著最後一本，薄薄的，說這是最後的最後的。因為最後壞人死了還是怎麼樣，就沒有下一本了。讀書讀得最著迷的是那個時期。

每一年過年時候，我們都有壓歲錢，拿到壓歲錢，年初三我跟我妹妹兩個就使個眼色，去重慶南路買書。因為年初一人家都關門，都要年初三以後開市，在家裡不能講，因為家裡有客人在打麻將的，不能講買書（音通輸）。每一年噢！

問：您的姊姊、弟弟和妹妹，到現在也都喜歡看書？

答：姊姊喜歡唱歌，弟弟也喜歡看書，到現在他都還有這個習慣去圖書館借書。我妹妹後來生病沒辦法看很厚的書，雜誌、報紙翻一翻可以。我覺得從父母那邊，留下了一個跟文字接觸的足夠動力。

我上大學之後申請到圖書館工讀，圖書館工讀生借書沒有限制，每星期工讀完我就帶走一大疊書。那真是我看書的狂熱時期啊！

問：那時候都借些什麼書啊？

答：在高中的時候我會讀中國古典、經典的東西；到大學的時候，就是念西方的經典的東西了，什麼柏拉圖啦、亞里斯多德、希臘神話……等等。

問：為什麼那時候會對西方哲學感興趣？

答：也不只是哲學，那時候只是一知半解、跟流行。不過我當時參加一個活動，也不算社團，大概在十個人以內，是不同科系的同學，只要是對文字或是對什麼書有興趣，都可以參加，聚會時就看輪到誰，到臺前講一下你的讀書心得。

這個團體的英文名字叫Synchro Pal，Synchro就是共振，是化學鍵跟化學鍵之間的一種共振現象，Pal就是同伴。原始發起人是我、我後來的先生，一個念植病系的張無難，還有一個念化學的叫夏立言、一個念土木的，叫王鏞，另外還有園藝系的楊晉華和陳啟愷。

每個禮拜聚會，不一定是要講書本的東西，有時是聊電影啊、大家在草地上彈彈吉他唱唱歌啊。後來成員裡面，就有人接手辦《中興論壇》，就是校刊，所謂的「論壇」，一定有篇社論，然後一些雜七雜八的雜記、散文、小說，或是詩。然後呢，做刊物總是有些人會標新立異，但那時候學校管得很嚴很嚴，所以學校活動組就把人叫去了，要開始訓話、要記過，然後雜誌被禁，不能印出來。

問：在大學這個時期參加的這一個活動，對您的影響是什麼？

答：對交朋友這件事情吧，對我來講，是很珍貴的。尤其是Synchro Pal的意思就是腦力震盪、共振，是滿吸引我的，我很喜歡。

問：您先生也喜歡藝文？

答：對，他喜歡，是他家裡面除了他二哥之外，也寫小說、寫散文、寫評論的，都寫得非常好，很紮實那種，不是虛虛浮浮的，不是。進了大學、畢業、跟他談戀愛、兩人在學校教書，到結婚之前，我們因為他哥哥的政治事件，同時沒有得到續聘，同時失業。

問：因為政治原因失業，那怎麼辦？

答：有個同學他家在西螺辦中學，我們兩個人就投奔到那裡去了。第一個學期教完，我懷孕了，因為我有先天性的心臟病，所以媽媽不放心，就把我們兩個抓回臺北，說臺北的醫生比較好。一下子兩個老師離職，尤其教不到一學年，才一學期就走人，所以我一直覺得很抱歉，很對不起那個學校。然後就在臺北了，我沒有工作，先生進商界上班。

小孩子出生之後呢，我覺得我需要工作。那時候同學們常收到我打的毛線襪，他們說你幹什麼打毛線襪？我說對不起我太無聊了；另一方面，我覺得靠我先生一個人的薪水，也不太夠。她五月分生，我大概隔年二月分就去國中教書了。

問：您後來就回去教書了。找教職也順利了？

答：因為那時候義務教育剛開始從小學延長到國中，需要大量的老師。如此，一教就教了二十五年。

問：那個政治事件還有影響嗎？

答：我先生在私人公司的話是完全沒有關係，我的話還是有一點。但我在學校的時候，我們學校的校長室秘書，人非常好，我很感謝他，他完全沒有針對這件事情對我私下做任何的詢問，或是騷擾，沒有。

我一開始是在永和國中教化學，校長後來被調去創辦福和國中，女校。永和國中當時就變男校。

我轉到福和國中，多年以後我心臟開刀，身體復原後，我覺得已經不適合教化學了。因為二、三年級的理化，馬上面臨就是考高中，壓力非常大，所以我就跟校長商量說，我要回來教一年級的生物，生物是我的本行啊。

問：婚前、婚後、生小孩，對於您的時間跟閱讀上面，有什麼樣的影響？而且您還要教書。

答：對，那時候是滿忙的。婚前，閱讀的時間當然沒問題，婚前我就延續大學時對書的狂熱。婚後，比較忙。可是有時間我還是要看，有寒假、暑假啊，總是有機會。後來小孩子長大了、上高中，就可以出去外面聽課啊，去師大人文中心上文學課，也去臺北市立美術館學畫畫。

問：剛好曉芬是老師啊，您帶這麼多年的小孩子，在教學上您會不會用什麼方法訓練、鼓勵孩子閱讀？

答：因為我自己喜歡文學的東西，所以我要獎勵他們的時候，盡量都是送書，例如《梅崗城故事》。每個學期，總會有兩個禮拜的時間，就帶他們去圖書館，從怎麼樣查資料，怎麼樣統合資料，怎麼變成一個小組，怎麼樣上去報告，這個我一定做的、很喜歡做的。

我也喜歡訓練他們寫筆記，譬如說，上課的時候，就叫他們把筆記本拿出來，我先把大綱寫在黑板上，寫黑板的時候，讓他們心靜下來，因為剛剛下課鬧哄哄的，然後呢，我只是寫大綱，然後我就開始講課了。結束後，我說好，你們自己的筆記回去自己整理噢，書本裡有什麼，或課外有什麼，你要自己補充。有些學生，他腦力不太好，可是他筆記很用心寫，那我就把給筆記的分數，跟他最後的考試總成績加起來除以二，以示鼓勵。

對那些智力比較差、可是很用心的小孩子，我是很喜歡他們的。有很多老師，尤其是班導師，他們認為「我們班的成績被這幾個拉下來了，所以我們在年級裡排名次排在很後面」，就會嫌他們，班上同學也會，他們坐的位置有時候會被安排在教室邊緣的地方，我覺得這是不應該的，所以就特別想出些辦法來維繫他向學的態度，讓他有點被鼓勵，讓他覺得只要認真上課、盡量努力，用心，那我就會給他很多讚許。

問：女兒讀高中之後您開始回去上課，講一下重新投入做學生這件事對您的影響？

答：我多喜歡做學生吶！還在學校教書的時候，福和國中常常辦一些教師培訓活動，因為生物科要去野外實習，我們就常去福山啊、坪林採標本。福山是從太陽谷走進去，到七賢國小，我們就睡在七賢國小教室，第二天就帶了便當，再走十公里，走到跟宜蘭交界了，再回頭。那是我們校長特別去臺北縣教育局爭取的課程，我們校長甚至可能還會特別出點經費，所以我們就有很多次的機會，有教蕨類、教河流裡面的淡水魚。這種出去受訓練的機會很多，我就很喜歡，喜歡做學生吶。甚至我們教化學的老師，也要修化學學分，也要受訓啊，因為科學進展太快了，有些在念書的時候沒有學過，可是新的課程裡面可能又會用到，所以必須去再造、做在職訓練。

受訓的地方在師大分部，我就常常會上課之前提早到，坐在他們的操場邊的椅子上感覺很愉快，我就這麼喜歡校園的氣氛！

問：上這些課比較是因為您的專業，但剛剛特別提到，女兒上高中之後，您去參加一些人文的課程，就跟您的專業比較沒有關係，怎麼會對這樣的課程感興趣呢？對於您的閱讀的影響是什麼？

答：其實我對四周環境的藝文活動，一向是很注意的，會留意報紙、電視相關的訊息。像是林懷民那時候剛回來，在南海路藝術館做現代舞的示範表演；或是像洪通，民俗畫家，在美新處[2]那裡展出，那種活動我都非常喜歡去參加、喜歡去看，了解很多新的發展。

女兒上高中之後，我民國八十五年退休的前幾年，大概是民國八十三、八十四年時，我開始到師大的人文中心上文學課，大概有三個學期。那時候林燿德是我的老師，我被他吸引住了，上他的課我好興奮啊！有的時候跟不上，我就會傻傻的下了課追著他，他又走得很快，我就追在他後面問：「老師，你們推薦什麼書、讀什麼書的時候，有沒有考慮到不是念文學院的人吶？」他就說：「我也不是念什麼文學院啊，那有什麼，一樣，喜歡就念啊！」實在是因為一開始跟得好辛苦，但他這麼回答我時，對我影響滿大的。

他念得滿雜的，推薦的時候我簡直是驚嚇到：《看不見的城市》！但是選課的時候我哪裡知道他是誰啊！也不是因為看到書單覺得喜歡，選課的時候書單都還沒有出來，所以我覺得這是老天爺的安排。這個課算是給我印象很深刻的，也改變了我很多。因為林燿德就會說，不要整天只看琦君、看張秀亞啦這些比較中文傳統的東西；而西方文學呢，雖然我在香港

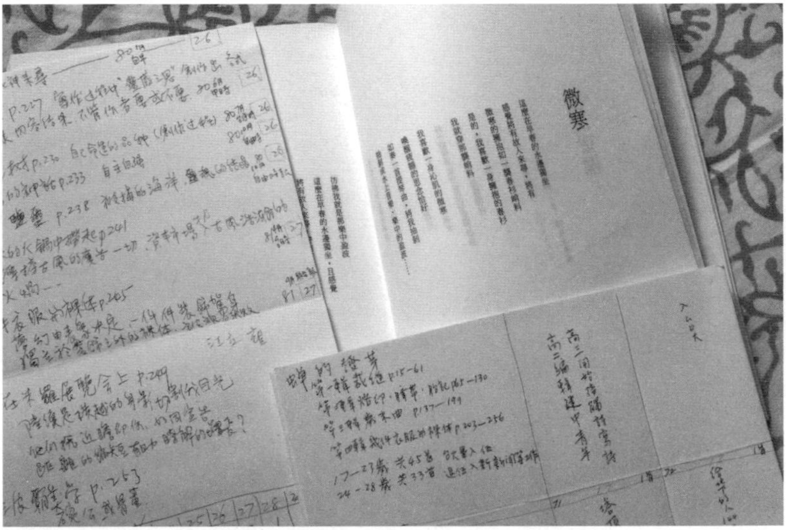

羅葉詩集，以及曉芬所寫的閱讀筆記。

住了十年，西方文學我也看，但也大都只是看英國的《簡愛》啦、《傲慢與偏見》啦這些十九世紀的經典作品，對當代文學沒有了解。我是從跟著林燿德上課的時期才開始接觸比較現代的作品：《愛的荒漠》、《看不見的城市》等等。

再來就是永和社區大學成立之後，我先參加社大的藝術類課程，在現代藝術的班上認識羅葉老師，他成立了一個讀書會，羅葉老師過世之後，讀書會我們持續運作到現在。

問：談一談接觸社大的契機？

答：我先生他的一個好朋友，就是開始參與辦社大的，叫林孝信。當時是通過他跟我先生講，有這麼一個組織，我又在信箱裡面收到社大的課程表，就覺得「哇，怎麼有這麼棒的課程！」

社大剛開始的時候，師資陣容是多麼地好，課程多麼地棒啊！像那時有一個教育行政跟環境保護、還是生態保護的系列課程，很學術性的，一個學期由很多不同的老師來帶，一個老師負責一部分課程，有中興大學的、也有政大的老師，我就佩服極了，竟然可以集合這些老師們這樣上一門課！可是奇怪，報名的人很少，人數不夠，就沒有辦法開課成功。

問：如果將您的閱讀經歷，從青少年時期到社大的這個階段，閱讀範圍上的改變或影響有哪些呢？

答：大概我在十六歲、初中以前，看中國的經典，高中的時候大概就是《飲冰室文集》、徐志摩啊、余光中這些。然後，有很多是今日世界出版社出的書，他們的書價便宜、印刷又好、紙張又好，所以我們零用錢很少的人，很自然就會就去買他的書。沒有多久就知道，書怎麼會那麼便宜、花的是誰的錢——那是受美國政府津貼的出版社。余光中的話，那時候我滿喜歡他的《梵谷傳》和散文《左手的繆思》。

我們當時讀的就是《傳記文學》、《中央日報》這些啦。不過，我很幸運遇到我高中的那位國文老師陳朋，一般學生作文還在講「反共抗俄、小心匪諜在你身邊」啊，寫文章寫到最後都要喊喊反共口號，結果我們那位老師不是，他完全不要求寫這種東西。

他是用分析的方式讓我們寫作。比方說：你要描述一個什麼東西，你要靠你自己的觀察，你不能應用人家已描述過的方式、語句。譬如說，誒我們今天要寫翻案文章，人家以前是怎麼講的，現在你要反對他講的是錯，就要把你對的講出來，類似這樣。好，他念一念幾篇範文，好了，本子一夾，他就回辦公室了。其他人就開始抓頭啊，可是並不是當天交作文，第二天才要交。他就是這樣教作文教了我們三年。受他這種訓練，我們就擺脫了外界那種政治的、環境的不舒服，學會了怎麼樣觀察，學會了怎麼樣表達自己的意見。我覺得他的功德無量啊。

我十六歲到十八歲這兩年念初中，那時候拼老命的念書，吸收好多東西進來。高中馬上就遇到這位老師，高中三年是個大轉變。到大學的時候，就開始讀西方經典，我們大學時很流行，另外就是舊俄文學，然後就是電影。

再來到社大的時期，影響最大的就是上你的文學課，真的很勤於讀書、勤於筆記；然後，受到最大的訓練的是後來在小小上你的讀書會。所以我寫筆記的習慣，一直延續到現在。並不是每一本都寫，比如說，這本書我覺得我已經知道它真正的主旨在那裡了，我就算了。那假如說，我覺得這本書很值得分析，那我就會寫筆記，筆記會正過來、反過去，局部探討或延伸作者生平、或跟其他讀物比較，各種方式。這種習慣是我在高中的時候，就已經有的。因為我們高中那位國文老師是念哲學的，他教得非常好，可是我一直都沒有把老師教的應用出來，從你帶我讀書會以後，才哎呀得其所哉啊！拿出來用一用吧。

由於寫筆記的習慣，曉芬累積了大量的筆記本。

在社大上你的課，開始讀當代的小說，像是大江健三郎、米蘭·昆德拉，《鋼琴教師》、《夢十夜》這些作品。像我喜歡大江健三郎講那個日本人的信仰跟政治，談到日本人的人性，很刁鑽、很不顧人家死活，我覺得，他描述的讓我終於明白是怎麼回事。

也有上何一梵老師的劇本課，有一整個學期就是讀易卜生，讀了十五本易卜生的劇作，就等於全部念完，很緊湊紮實。

問：那時都是您第一次知道這些作家？

答：沒錯，不過我有習慣喜歡一個作家的話，就會把他其他所有的著作，能夠買到都買來看。

問：現在參加什麼讀書會？

答：就是當初從羅葉老師帶領的那個延

續下來的讀書會。現在其實是沒有什麼人在帶，就變成一個月固定聚會一次，每個人推薦一本。負責導讀的就是推薦人，然後每年在年終的時候，第二年的書單就推薦出來了。依照慣例每年的第一個月，一月分就是紀念羅葉老師的，所以專門讀詩，暑假休一個月。

問：可以挑五本對您有意義的書推薦給我們，並且說出原因嗎？

答：因為偏好不同，我比較想推薦的作家，像是卡內提，他的《迷惘》，我受他影響很大。這本是在中學的時候讀的，我就好佩服噢。他講一個很高學歷的學者跟一個是市井小民樣的女人，他們講話你一看會笑死的，牛頭不對馬嘴，但是這樣他們也可以長期相處，然後他就講到說，對於人跟人能夠很密合的溝通這件事情，他是很絕望的。

人大概都有這麼一個欲望嘛，希望能夠找到一個知音啊、找到什麼靈犀一點通啊，眼睛眉毛動一動都知道他想什麼……後來我就不這樣強求了。以前我就會很期待的，後來就會說，順其自然吧。有就有，沒有就算了。

再來是芥川龍之介，他的《竹籔中》。黑澤明用芥川另一篇小說《羅生門》的場景，演出《竹籔中》的內容故事，拍成電影叫《羅生門》。對我來講，一件兇殺案可以從各個角色來探討，得到不同的答案，很有趣。我對他的《河童》也很有興趣，他的想像力我喜歡；《地獄變》是個很完整的東西，可是我不見得喜歡。

然後是赫塞的《流浪者之歌》，我看這本書也是高中的時候，看了之後，覺得：「哇天啊！人的一輩子就在一條河裡面通通可以流露出來了！」

納博科夫的《我的瑪麗》，對我來講是很短的小品，可是讓我很難忘。因為主角最後放棄去找瑪麗，這點我覺得好了不起噢。也許這不是他最好的作品，但我喜歡。就像我看過的一部電影，叫《純真年代》，那裡面也是相似的：男女主角因為種種原因，根本沒辦法結合，到最後他們很老很老了，男的終於有機會去見女主角了，到了樓下，抬頭望向樓上的窗戶，女主角站在窗戶裡面。最後他轉身，就走了。

《看不見的城市》對我來講，是一本能夠拓展我的想像力的書，而且他的邏輯很清楚。卡爾維諾的作品結構，是符合我們對科學的要求，所以我就比較容易進入。書裡面描述皇帝跟馬可波羅對談，我覺得，啊好神奇噢！很吸引我，雖然很多人說看不懂他在幹嘛。閱讀的時候，裡面描述的城市，我腦中都會有畫面噢，我覺得可以畫畫，畫得出來。波赫士我也很喜歡，可是用功在他身上太少。

卡夫卡的《城堡》、《審判》，我喜歡的原因是，因為它的內容層層疊疊的。我覺得他這個人厲害在於，有關官僚的部分、每個細節，他都能夠描述、表達得出來，啊呀我的媽呀，佩服啦！可是那種世界我也不喜歡。

還有一本書是《莫雷的發明》，它講到一個機器，這個機器呢，讓人在裡面的時候你會變幻無窮，整個人的活動跟著四周的環境跟著變，我覺得這本書是一個原創，可以讓其他的創作者從那本書延伸出什麼，變成另一個作品、另一個創作。像從這裡延伸出來的一個電影，就是《去年夏天在馬倫巴》，是從書裡面的一個小角色發展出來的。

最後像是《空間詩學》，屬於哲學類。可是他講到空間的問題，他舉的例子，從最簡單的一個抽屜的空間，一直擴展到宇宙的空間，我覺得很了不起。

問：在這之中，華文的小說好像比較少？

答：比較少一點。不過我很佩服賈平凹的《秦腔》，講山西那邊戲劇，是上你的讀書會的書。他甚至把戲曲的譜都寫在書上了，他的寫法跟一般小說不太一樣，卻又很在地化、很接近土地。

問：最後來用一句話來總結，對您來說，閱讀是什麼？

答：我覺得是我人生的重點。因為我的成長，大部分從閱讀開始的，我豐富自己，也是從閱讀獲得，然後從中找到庇護所——就是在閱讀裡可以找個地方，得到安全感。然後，也是從這裡面找到我個人的信仰。

編註

1 二〇〇六年九月，「顯微迷航——2006年秦曉芬鉛筆畫展」於小小書房1.0舉辦。

2 編註：現為二二八國家紀念館，位於臺北市中正區南海路五十四號，為臺北市定古蹟。建築物於日治時期（一九三一年）建成，並命名為「臺灣教育會館」，為臺灣首座現代化的藝文展覽館。一九四五年起，國民政府以此建物作為「臺灣省參議會」與改選後的「臺灣省臨時省議會」之辦公場所；一九五九年，「臺灣省臨時省議會」遷出，次年「美國在臺新聞處」遷入（簡稱美新處）。一九七六年，洪通於美新處舉辦首次個人畫展。（參考整理自：二二八事件基金會官方網站，網址：http://www.228.org.tw/about228museum.html；文化部國家文化資料庫，網址：https://reurl.cc/xNMnV。）

以書頁與生活相互滋養，邁向下一個五十年

——專訪曾子瑾

採訪、撰文、攝影／李偉麟

姓名：曾子瑾
出生年：一九五七年
出生地：臺北市大安區
現居地：新北市永和區
從小到大是否跨城市搬遷過居所？是
每月用於購書的金額約：1000—2000元

資本論
人的條件
文化與社會
社會研究方法
DAVID HARVEY
REAL UTOPIAS
Race War!
琉球的時代
昭和史
昭和史
昭和史
明治維新
明治維新
日本
無聲的入侵
紅色滲透
香港音樂史論
無緣社會
帖木兒之後
形形色色的交換
世界的時間

前言

每次參加小小的文學讀書會，坐定之後，視線習慣先在桌上尋找子瑾的書。那些突出於書頁間的彩色標記紙，還有她用螢光筆、原子筆和鉛筆，用尺在字句與段落間畫出的筆直線條，在在散發出一種學生時代的用功氣質，不僅成為小小文學讀書會一道獨特的風景，也成為我的日常循環裡，一個熟悉又安心的景象。

算一算，我和子瑾成為讀書會的書友，竟也邁向第九年了。

跟子瑾一起上文學讀書會是很有意思的。相較於書友們多半想搞清楚作者為什麼這裡要這樣寫、那裡的段落裡為什麼夾雜著詩句，子瑾的視角總是有著書和生活互通聲息、相互滋養的親密感。書中的文句，經常能夠召喚出她的生活經驗，尤其我和子瑾所處的世代不同，透過她的描述，往往我能夠碰觸到以往所不知道的，臺灣曾經展現過的社會百態和大時代樣貌。當她在讀書會中分享時，眼睛裡總是閃著光，非常動人。

她也經常在臉書寫著，去到某處，讓她想起讀書會曾讀過的某個段落；或者，作家過世的新聞，也常會引發她許多感觸，表達對自己有著什麼樣的影響等等……。無論是在讀書會上說出來，或是在臉書上寫出來，子瑾的這些分享，不但讓我很羨慕，同時也像是一座座橋梁。

羨慕，是因為讀書帶給她的閱讀樂趣，如此直接而感性，而她也很快地就能夠表達出來，即使只是短短的幾行，也充滿著情感的頻率，讓一向不擅於表達的我，非常羨慕！

例如，她曾在臉書上貼出一張照片，是某本書的某個段落。子瑾這樣寫著：

「像這樣的文字，淺顯易懂！卻有無限的情感和對時光的無奈！

看見這一段，不禁想起，小學時跳箱，扭歪小指的自己，曾因外食不慎得到急性肝炎的二妹，好奇跪在蜜餞玻璃櫃上，割傷膝蓋的三妹，清晨通學得到過敏鼻炎的小妹，因為追逐跌傷，撞傷下巴的小弟……

啊！往事……並不如煙！」

她的分享對我來說像是一座座橋梁，是因為這種來自「自己」以外的眼光，如同一盞盞不同角度與強度的探照燈，有時照亮了書中原本看不清楚的地方，有時則投射出不同形狀，在我解讀文本的過程中，展現了新的可能性。

另外還有些時候，讀書會所選的書，我自己讀起來不是那麼進入狀況，讀得很不耐煩，通常是作者太囉唆、譯文太艱澀甚至錯誤太多，有些更是讀了之後，感到莫名地不喜歡。在這樣的時刻，我常常會想到子瑾，她對於讀書會的選書，總是抱持著來者不拒的態度，縱使有她讀起來不是那麼喜歡的書，她仍然很有耐心地，一堂堂跟讀到最後。

這一點，讓我很佩服。

子瑾這樣的態度，有如一顆火種，重新燃起了我的閱讀興致。於是，我便可以繼續把書讀下去了。此外，子瑾從小到大的成長路上，都有父親送給她的書相伴著，即使她已結婚生子，父親仍然會買書給她；這讓我的內心波瀾起伏，因為我那向來沉默少言的父親，也會買書給我。在書頁的翻動之間，我和子瑾所閱讀到的，除了書香，還有父親對子女那無法言說的愛。

透過這次的訪談，我才知道，原來子瑾的文學閱讀之路，從童年到現在，幾乎沒有斷過。往前回溯，她的閱讀習慣已經維持五十多年了。

聽她講述五十多年來的閱讀之路，讓我印象深刻的是，從小她就生長在家裡到處都是書的環境，即使在婚後最忙碌的人生階段，要照顧小孩、要擔任家庭事業的賢內助、要打理與公公婆婆同住的生活，子瑾都盡量在緊密的生活中找出縫隙，讓自己保持閱讀文學作品的習慣，無論是透過現在早已不流行的「郵政劃撥」買書方式，或是把握參加讀書會的機會，甚至還與同樣愛閱讀的媽媽們，在二十幾年前組成「八卦媽媽讀書會」，累積讀了超過一百本文學作品，而且彼此的情誼綿延至今，成員們仍然有聚會！

子瑾並不需要靠讀書謀生計，但是她和書的關係，卻是如此緊密而綿長。如果要找一個字眼來形容她與書的關係，那就是「真愛」。

訪談

問：閱讀這件事，是怎麼進入您生命裡的？

答：我第一個接觸的是日文漫畫書，是在讀幼稚園的時候。還記得看過日文《西遊記》漫畫，雖然看不懂文字，但是看圖大概知道在講什麼。我們家的文青是我爸爸，家裡到處都有書。尤其他十八歲之前是受日文教育，所以，他經常到重慶南路的三省堂書店，去買進口的日文書。

我上小學、大一點了之後，家裡有五個小孩子，媽媽一個人哪有辦法帶，所以爸爸去三省堂時，就要我爸爸把我和大妹一齊帶出門，因為我們的年紀比較大了，不用擔心會被拐走。他會把我們帶到附近的東方出版社，跟我們說：「你們乖乖，好好看書，如果等一下爸爸回來，你們還在這邊乖乖看書的話，爸爸就讓你們一人選一本書。」那當然我們很高興啊，因為以前書是很貴的。

問：爸爸帶您們去東方出版社，您們看的書是自己挑的，還是爸爸會推薦？

答：因為父親是學日文長大的，對中文書比較沒有那麼熟悉，所以他比較不會主動挑書給我們看，大多數是我們自己選。只有一次，他曾經要我讀「魯邦」的書，因為那是他小時候最愛看的。「魯邦」是法文發音，指的就是亞森．羅蘋。

問：在東方出版社，看了哪些書呢？

答：東方出版社出的兒童文學，比起同年齡的小朋友，我是看很多。比如說，大仲馬的《基督山恩仇記》、小仲馬的《茶花女》，還有《羅密歐與茱麗葉》、《福爾摩斯》、《羅通掃北》、《薛丁山征西》，以及《薛仁貴征東》等等。另外還有《亞森．羅蘋》整個系列，是因為每次爸爸說，你如果在書店乖乖看書，就買一本，如此這樣每次一本，最後買回整套。東方出版社是一個很好的出版社，因為書都先挑過，等於是幫我們先篩選過，書的內容不會太離譜。那時候我的閱讀量很大，到了東方出版社就東翻翻、西翻翻吶，只要有字的東西，就會吸引我。我是那種只要坐下來，一看到有字的東西，旁邊再怎麼吵，我都會很專注的人，甚至一直叫我的名字，我都會沒聽到。整個東方出版社，就好像是我的圖書館。至於去的次數，我已不記得了，只記得東方出版社就是很快樂的地方，在裡面太開心了，沒有人限制，想讀什麼就讀什麼的那種開心。

那時候書很貴，可是爸爸很鼓勵我們閱讀，所以我那時覺得自己寫起文章來好厲害，除了參加學校的投稿，還會寫劇本呢。如果有機會出去玩，回來後我還有能力把自己的感受寫出來。

學校有訂《國語日報》、《正聲兒童》等給兒童看的刊物，然後老師會說：「你們幾個功課還不錯的小朋友，某一篇作文寫得還不錯，你去投稿看看。」像《國語日報》有一個「一百字故事」，每次都有一定的題目，投稿如果中了，學校就會把你的大頭照貼出來，然後老師或是校長或是教務主任，就會在升旗臺上唱名，我們上臺領到的不是稿費，而是代替稿費的優良兒童讀物，那時候就覺得「哇！好棒！」，因為書是小朋友買不起的東西。

問：剛才提到兒童刊物，兒童刊物的性質跟書是不一樣的，除了投稿，兒童刊物對您有什麼影響嗎？

答：爸爸也有訂《王子》雜誌給我，它對我的影響很大。所以之前我知道它的創辦人蔡焜霖先生，會出現在小小書房的一場活動，我就告訴自己一定要去，一定要跟他講上幾句話。那個心情就是，「謝謝你辦了這本雜誌，你做的事情真是積陰德。」[1]

《王子》雜誌等於是把我的天地打開了，就是除了我們這個年紀的小朋友生活周遭會發生的事情以外，它讓我知道，還有別的世界可以去關注。它的內容非常多元，有漫畫、民俗介紹，或者是世界的介紹，像時空穿越、或是天文運行，還有蜜蜂啦，什麼都有。你可以把它想像成是一個少年版的《讀者文摘》，不過《讀者文摘》都是溫馨感人的故事，《王子》雜誌的內容，除了有許多知識，也有一些改編自世界名著的作品，很適合介於小女孩與少女之間的小朋友。我說的不是青少年喔，而是國小開始有性別意識的那個階段的小孩子，不管是男生或女生，都很適合看，而且它完全不刻板，不會跟我們說，一定要怎樣、或者是一定要怎麼做，才是對的。

問：聽起來，父親很鼓勵您閱讀，那母親呢？

答：父親認為開卷有益，什麼樣的書都可以，他相信喜歡看書的孩子不會變壞。母親就會控管啊，她會先看這本書或這部電影有沒有教育性，如果是娛樂性的，就不讓我們看了。

父親除了帶我們去書店，他要去看電影，通常也會帶上我們，電影的內容有愛情，有日本黑社會、偵探、犯案、復仇、切腹，也有路見不平跟人家打架的，當時看了好多，像《宮本武藏》、《盲劍客》啦，還記得有一部比較溫馨的片《屋頂上的提琴手》。有一次，我爸還特別帶我們去看給小孩子看的電影——日本東寶電影公司拍的怪獸片《摩斯拉》（モスラ，又譯《魔斯拉》），有時電影裡會有我爸愛看的演員，像是小林旭、仲代達矢、石原裕次郎等等，也有一些改編自名著的電影，例如《地獄變》這部片子，我就記得很清楚，尤其有一幕是那個著火的車，哇，很可怕，飾演畫師的仲代達矢超會演的。

問：總結一下，就整個閱讀的歷程來說，小學階段扮演了一個什麼樣的角色？對您的人生有什麼樣的影響？

答：那個時候電視不發達，也沒有電腦，教科書也都是用國立編譯館各校統一的版本，其他資訊來源的管道不是很多，現在我到這個年紀，再回去看的時候，覺得說，到東方出版社看書、買書這件事，讓我在家庭生活和學校生活之外，看到很多不一樣的世界和天空，或者說，知道很多不一樣的故事。比如說，讀《古城末日記》，就知道尼羅王焚城；

讀《雙城記》我就知道法國大革命、上斷頭臺啊這些事情；此外，王寶釧苦守寒窯十八年、移山倒海樊梨花，就是從書裡看來的啊！那些書已經是挑過的，然後任我去選，開闊我的眼界，讓我對世界的認識打下基礎。

還有，我一開始以為東方出版社的書是不設限的，直到幾年前認識小小書房以後，才知道書店的書，其實是有挑過的，所以我回想兒時，關於黑暗、殺戮、罪惡的這些內容，在東方出版社都沒有，反而是在寒暑假時，回去我爸的故鄉，就是在臺東，常跟大我一個月的表姐玩在一起，她會帶我去租書店，那裡面就是真的不設限的，什麼都有，我就跟著她，什麼都看，裡面有很多漫畫啊，像手塚治虫的《原子小金剛》，就是在租書店看到的。我們一次租個十幾本，看完再拿回租屋店換下一批。爸媽不在身邊，我有一種好像逃離管控的自由的感覺。租書店裡的書，色情、暴力什麼都有，有一些其實是給成人看的，不見得適合小孩。

問：談談中學的閱讀經驗？

答：初中我讀私立光仁中學，需要住校，放假回到家裡，父母心疼我住校常常只吃饅頭，都會準備很豐盛的菜餚，滷肉啊什麼的，吃到我每次回到學校都拉肚子。那也因為放假回家的時間都花在跟家人相處，馬上又要回學校去了，也就沒有再去東方出版社看書。

中學時，讀比較多的，是學校指定我們買的課外書。比如鄧克保（作家柏楊化名）的《異域》，描寫國軍退到緬甸的情景，還有跟保釣有關的《一個小市民的心聲》，也有蔣經國總統要大家看的《天地一沙鷗》。這些老師指定的書，我們都要認真讀，因為考試有時候會考，萬一到時候考了，考出來成績難看，回家又要被父母罵。

那時候開始有女生的意識，同學間私底下看的是徐志摩與陸小曼的情書，有《小曼日記》，謝冰瑩寫的《女兵日記》，還有趙元任的太太楊步偉寫的《一個女人的自傳》，我們那時候都喜歡看這種女孩子的成長、傳記，或是情書。

問：讀這些私底下偷偷看的書，從中得到了什麼呢？

答：因人而異啦。像我的話，就覺得，好浪漫啊～～。還有《未央歌》，哇，讀了以後才知道，原來念大學這麼有趣，心裡暗自發誓，我一定要考上大學。以前我們都呆呆的，一心想著，啊，考上大學之後，可以留一頭長髮，洗那個「綠野香波」[2]，讓頭髮香香的，然後會有一個男孩子很愛我，我們騎著一輛腳踏車，我坐在前面的橫桿上，頭髮隨著風飛揚……那時候，這些書可說是為我們的生活，帶來許多現在看起來不切實際、空幻的浪漫想像。

問：高中考上北一女，還記得讀了哪些課外讀物嗎？

答：老師不會管我們課外讀物。一年級時，坐我隔壁的同學，介紹我讀紀伯崙的《先知》，到現在我還滿喜歡它。它薄薄的，字很少，又有圖，內容是開放性問答，比如說，請先知講有關於婚姻啊，或者說，講孩子啊，那先知說，孩子不是屬於你的，孩子是一根箭，你只是一把弓，藉著你射向未來。

還有那位小時候一起去租書店的表姐，她讀中學之後，完全轉型變成一個文青，看的都是文青的小說，沙特啊、卡繆啊。因為我們從小一起長大，可以說很要好，也可以說互相是競爭對手，父母喜歡拿她激勵我，而且我印象深刻的是，她有一群很要好的朋友，可以互相討論。

那我就覺得，結果我讀了三年的初中，除了教科書以外，竟然什麼都不知道，心裡對自己說「shame on you」，如果再重覆過著跟初中一樣的生活，我的人生等於又再重覆三年，所以放學以後，沒有社團活動時，就自己跑到東方出版社，找比較進階的書開始看。還記得裡面有笛卡兒的《我思故我在》，說實在的，我根本看不懂，可是虛榮心作祟，想要當文青啊，就逼自己站在書架前，一本、一本地看，很辛苦的，因為我對這些書其實沒興趣，再怎麼看也是看不懂。就這樣讀了兩個學年，雖然生吞活剝了很多書，可是看了都流失，沒有一本記得住的。

不過我還記得，生平買的第一本詩集，余光中的《白玉苦瓜》，是十六歲時跟初中認識、高二又同班的好朋友，一起在西門町天橋旁的中國書城買的。我們兩個興趣相投，愛吃、愛看電影、喜歡聽音樂、逛唱片行，還會一起去郊遊。還記得那時候作家張曉風開了一個叫做「我們」的咖啡廳，在羅斯福路的一個地下室，有時候我們就會跑到那裡，也就像現在我們兩個人對坐這樣，當時在一盞小桌燈下，喝著冰紅茶，旁邊有一個小小杯的牛奶，倒進去之後，兩個人對看，有一種說不出的單純的少女情懷。

問：您提到表姐有一群朋友可以討論看書的心得，那您呢？

答：沒有耶，也不知道為什麼，一直以來就沒有讀書的伴。只有跟表姐通信時，她有時候會寄書給我，比如說，黃春明的《莎喲娜拉．再見》，還有《鑼》。有時候，她看到報紙上有她覺得好的文章，也會剪下來寄給我，像我之所以會知道張曉風，就是因為看了張曉風在《中央日報》副刊寫的文章。

除了黃春明、張曉風，那時候也讀了林海音、琦君，她們的作品很溫馨，什麼《三更有夢書當枕》啦，《桂花雨》啊，這類的書。現在講起來，是屬於「閨秀文章」，那時候還讀了一些勵志文章，有很有名的《羅蘭小語》，也有薇薇夫人（作家樂茝軍筆名）寫的書。

高中時父親還是繼續買書給我，因為他對我期望很高，有弘一大師的作品，有楊逵的《鵝媽媽要出嫁》，還有王鼎鈞的書，王鼎鈞的筆觸，有點像是爸爸跟晚輩講話，如果我自己選，我會選《羅蘭小語》，感覺像阿姨跟比較小的女生說話。我的書櫥裡面，大概有十分之八吧，都是父親選的，他甚至還會到東方出版社的二樓幫我買參考書，並且會問我看了

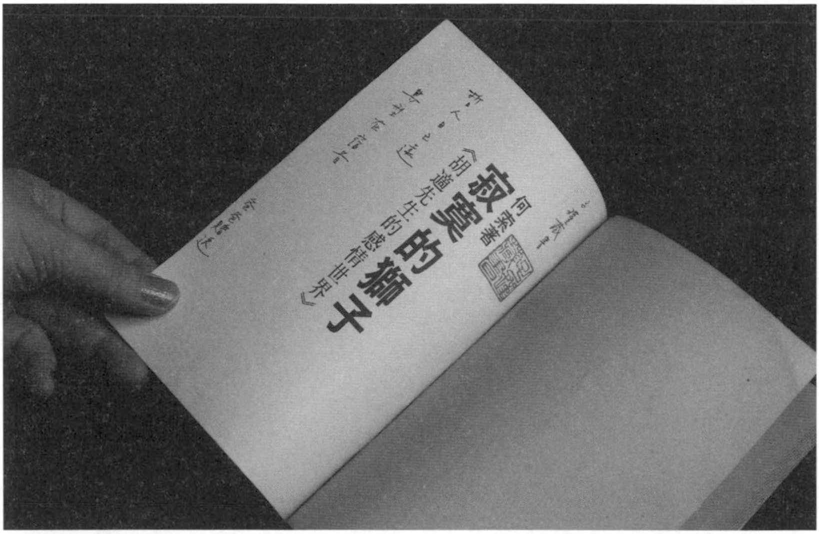
子瑾父親贈書。

沒，如果我沒看，他還會生氣呢！可是，我真的沒有時間讀那麼多書，那時父母會要求當老大的我不能只顧自己，說我功課那麼好，也要稍微教一下弟弟妹妹，當時那個環境，平時的考試又很多，父母也會很關心我的考試成績，如果考不好，就拿錢給我去補習。

問：父親幫您選的這些書，對您的人生有什麼影響？

答：現在回想起來，我這輩子，好像沒有什麼人送書給我。表姐偶爾會送，我媽從來沒有買過一本書給我，我先生也從來沒有買過一本書給我，送書給我最多的，就是我爸爸。我爸不善言辭，他也不會買吃的給我，我想，他最熟悉的就是書吧，或許他喜歡的書，並不是當時我會喜歡的書，但是，再也沒有人買書給我了。

父親常會買那種很厚的書給我，像羅曼・羅蘭的《約翰・克里斯朵夫》。我一直到後來生病時，才有時間把那厚達一千五百頁的書讀完。我結婚以後，有一段時間父親還是會買書送我，他買了什麼書，就會多買一份給我。比如說，有兩本是講歌劇的，分成上集和下集，是精裝本，他就自己訂一份，也訂一份給我。還有很厚的《魯賓斯坦傳》，那個時候小孩子還小，大概只讀了不到二十頁，後來也是在我生病的時候讀完的。

我自己有了小孩之後，也會買書給兒子們，在他們青春期之前的課外讀物都是我買的，像是法布爾的《昆蟲記》、《漢聲小百科》之類。

問：大學的閱讀經驗又是如何？

答：我和我先生是在大學時認識的，當時約會就是去百貨公司，我們會在圖書跟音樂部這個地方分手，約定兩個鐘頭以後他再來這裡找我。我看最多的就是三毛的書，還有三毛推薦的《娃娃看天下》，每一期出來我都跑去買。所以我上次在小小書房看到國立臺灣文學館《臺灣現當代作家研究資料彙編（89）：三毛》，馬上買下來，內容有三毛寫的文章、她的書、她的自傳，還有一些珍貴的照片，介紹她的父母等等。

我是雙魚座的，喜歡浪漫嘛。當時也讀了鄭愁予的詩、看了朱天心的《擊壤歌》，還有翻譯小說《刺鳥》。

到大四的時候，我對精神和心理領域很有興趣，開始看佛洛依德《夢的解析》、弗洛姆的《愛的藝術》之類。還有一個那時候非常流行的觀念，叫body langauage，就是說人的姿勢會洩漏心理狀態，我看的是英文翻譯的書。還有一本翻譯書《雙面夏娃》，就是講家庭之間、人跟人怎麼樣去表達自己。這本書我們有同學就很不能接受，他覺得家人之間如果用書中的方式講話，很像在演戲。當時學校（高雄醫學院）附近有一間叫高大書局，還有一間大夫書局，這些書大部分是在那邊買的。

問：畢業後出了社會，看的書有比較不一樣嗎？

答：結婚之前，我在外面工作四年，其中有兩年是等我先生服完兵役。那時候不知道為什麼，我有一種感覺，結了婚之後，我可能沒有機會再這樣自由看書了，所以呢，反而是他去服兵役那兩年，是我逛書店逛得最勤的時候。工作單位上的同事，要我去看白先勇的《臺北人》、看《紅樓夢》，還有那時席慕蓉的作品剛出來，我也跟著讀了。

那時候我在榮總麻醉科工作，閒暇的時候就捧著一本本的書看。我剛才不是說，大學時對精神和心理方面的書有興趣嗎？那時候作家吳念真在市立療養院（現為臺北市立聯合醫院松德院區）半工半讀，出了第一本書《邊秋一雁聲》，寫的是有關於精神方面，跟我的興趣相符。有位同事看我這麼愛看書，就問我，你這麼愛看書，讀過《臺北人》沒有？結果我找來看了以後，覺得白先勇果然超厲害，其中有一篇是〈遊園驚夢〉，它是崑曲裡經典的一齣戲，把崑曲寫進去，剛好挑中我的某一些心思，因為我讀北一女時就是參加崑曲社；然後他又用潛意識的方式去寫，把過去跟現在一直對比，互相交叉，當時還搬上舞臺劇，我還跑去看呢。

榮總的同事，有很多是榮民眷屬子女，其中有一位出身眷村的同事，因為很喜歡京劇，就介紹我讀《紅樓夢》。我說，這麼厚的書我懶得看，我不要看這個書，然後她就說，你如果不看，就不是我的朋友，她這樣「威脅」我。《紅樓夢》我看了三遍，後來畫一張表，才搞清楚裡面的人物關係。我們還一起聽音樂耶，一起喝竹葉青，「把酒問青天」這樣子，那時候開始真正有一點文青的感覺。但遺憾的是，後來她嫁去香港，所以我很感嘆，註定沒有讀書的伴的緣分，沒有真正可以討論的朋友。

問：結婚以後，真的應驗了您的預感，沒有時間看書？

答：結婚後住在萬華，婆婆喜歡逛夜市，我喜歡看書，興趣不同，我沒什麼機會逛書店。幸好華西街那邊有一家書店，有時經過，就進去看個一、兩眼也好，偶爾買回一、兩本書，書裡有郵政劃撥的帳號，就用這種方式買書，直接寄到家裡。郵政劃撥還有一個好處是，出版社出了新書，也會寄通知到家裡，所以，我那個時候有整套的洪醒夫紀念集，記得有《懷念那聲鑼》、《黑面慶仔》、《田莊人》什麼的。

還記得也買了謝春德《作家之旅》、楊逵、林海音的作品，還有韓韓跟馬以工的《我們只有一個地球》。我買的書大部分是爾雅、九歌這兩家出版社，因為那時候我帶小孩，沒有辦法看大部頭的書，爾雅跟九歌都是出那種短短的文章。通常是他們寄文宣來，有空我就翻翻看，看了有感覺就勾選，如果小孩子發燒或是家裡有事要忙，寄來的東西我就沒有時間去看。所以沒有特意蒐集誰的作品，就是跟我有緣的就買。

跟婆婆住的時候，比較沒有自己的空間。然後當時社會風氣非常不好，有陸正撕票案[3]，所以當父母的壓力都很大，不太敢把小孩子帶到百貨公司啊什麼公共場所去。有一次，我的六姨丈跟我提到，他工作地點附近有一個玩具博物館，可以借玩具，而且有一個球池，建議我可以帶孩子去那裡。我大兒子那時候八個月大，已經會爬了，我就常帶他去那邊玩球。那裡就是「信誼基金會」，當時的地址在臺北市延吉街跟仁愛路的交會口附近。

後來我大兒子一歲還是兩歲多的時候，我發現那邊竟然有一個讀書會，叫「人之初」，當時是輔大家政系的老師、擅長兒童文學的黃迺毓，還有一位好像是叫王理和，是護專的老師來講兒童發展學，有一點像親職教育的講座，雖然性質是講座，但那時候都叫做「讀書會」。它就是很寬容小孩，場地是一個階梯教室，大人可以抱著孩子進去聽，小孩吵的時候再把他帶出來，不要吵到別人就好。小孩如果聽著聽著睡著了，我就可以加減聽些講座內容，又可以認識很多一齊來聽講的媽媽們，大家就一起上這個課，對我來說，也等於是從家裡出來透透氣。

而且那邊也有圖書室，有分兒童的及成人的，大部分的書可以借出來，只不過有些很容易被弄壞的立體書，就只能夠在那邊看。一直到現在，我都覺得有這樣的講座、場地和圖書資源，對身為母親的人來說，是非常棒的一件事。

問：在那裡讀了哪些書呢？

答：一般兒童的圖書，可以借出來兩個星期，講給孩子聽。有中文的，也有英文的，像《好餓的毛毛蟲》就在那裡借的。那因為婆婆家裡沒有什麼空間擺書，所以有好多繪本都是從這裡借的，在當時給了我很大的方便。然後它也有給大人看的書，有親子教育，也有文學類，我在那裡讀到洪範書局出的《豐子愷文選》，四本，後來就愛上了他的漫畫。

用郵政劃撥買書，以及信誼基金會，可說是持續澆灌了我的閱讀，因為我知道我如果到書店，一看書便會著迷，這樣會很危險，因為小孩有可能從我身旁不見了我都不知道。於是信誼基金會，對我來說就是個很安全、又有很多資源能夠啟發孩子的智能，且讓孩子玩得開心的寶地，而我也好想要除了平日的生活以外，能夠有機會變換一下生活場景。那裡我曾帶婆婆去看過，她也很放心讓我帶孩子去那裡。

此外，我本來對養育小孩是「no idea」，而信誼的師資是很好的，還有去國外念研究所學幼教回來的一些老師，在當時算是數一數二的。後來我運氣很好，兩個兒子都抽籤上了

「蕙質媽媽社」讀書會所讀的書籍。

他們的實驗教室，接受最新的教育方法。當時每天早上我先生把我們載到那裡，小孩上課，我就報名他們的親職課程，下課我先生來接我們一齊回去。我的興趣是聽古典音樂、歌劇和閱讀，但是在家裡不方便放歌劇來聽，因為它有時會突然很大聲，會讓同住的家人嚇一跳，所以只能夠看書，因此，閱讀就等於是我的寄託啦。

後來小兒子快要離開信誼的大班，準備上小學時，我又很幸運地在信誼的課堂上認識一位很會帶心理劇的老師，老師說她也有在《國語日報》的一個「蕙質媽媽社」帶課程，於是我便馬上加入。算一算，我在信誼總共七年，我對它有很多的感謝。

問：「蕙質媽媽社」也跟閱讀有關嗎？

答：剛開始也就是每個星期二去聽一場演

講，範圍很廣泛，記得有林懷民來講雲門舞集、劉克襄講野外，還有請人來講珠寶設計、養生保健等等。我大概是一九九五年的三月開始去參加的。後來有人提議，每次大家聽完演講就走了，誰也不認識誰，這樣很可惜，於是就成立起一些興趣小組。其中唯一適合我的就是書香組，一個月有三次是聽演講，其中一次是共同討論一本書。結果到後來，書香組竟維持得最久，超過二十年，我們總共看了一百本書以上，不過，這個是沒有組織性的喔，就是靠大家的向心力維持。

問：一百本書以上！書單有留著嗎？您們是怎麼選書的呢？

答：書單倒是沒有留著，因為我們很隨性。其中有一些書，跟我後來在小小書房參加沙貓的世界文學讀書會有重複，像是夏目漱石的《心》、三島由紀夫的《金閣寺》，還有得到諾貝爾文學獎的高行健的《靈山》。

我們的選書是很隨性的，比如說，我看了這本，覺得真的好好看喔，大家來看好不好，就有人附議，好好好，這樣。剛開始，有位成員住在政大附近，她就請政大書城送書過來，而書店也會給我們折扣。我們也曾經碰到說，年輕人都在看日本作家村上春樹的書，那我們就找一本薄一點的來看，《遇見100%的女孩》就短短的。也有找嶺月的書來看，她那時候有寫一本叫做《老三甲的故事》，講她以前在彰化女中讀初中跟高中六年的故事。還讀過日本作家宮本輝的《錦繡》、也讀過一位大陸作家寫的《南方有喬木》，還曾有人說，女兒提到余秋雨不錯，所以我們也有找來《山居筆記》還是《文化苦旅》來讀。有時候，我們也會參考誠品書店的排行榜，因此讀了《我願意為妳朗讀》；有時我們也會互相借書。對了，到後來我們就自己成立一個媽媽讀書會，以增加聚會時間。

問：參加媽媽讀書會，為您帶來什麼樣的樂趣？

答：我小時候很想要當老師，但是後來就變成一個一直沒有實現的願望。由於媽媽讀書會到了後期，幾乎都是我在選書，而且幾乎都是我在主持，就有那麼一點實現了我這個願望的感覺。那為什麼是我來主持呢，因為我們選主持人的方式是，誰提議讀什麼書，就由提議人當主持人，可是，大家覺得壓力很大，於是變成沒有人敢提議，那我說沒關係，你們提議，我來當備胎，如果不想主持的話，我來墊上。結果後來她們說，備胎講得比主持人好，所以我就變成主持人了。我說，我選書是亂槍打鳥，她們說沒關係，她們全力配合，打到什麼鳥，她們就看什麼鳥。

我們有一些選書的原則，宗教和政治的不碰。有時候我會以年度主題的方式，規劃一整年的書單，比如說，今年都看日本小說，或者今年看各行各業，例如天下文化有一套八本，請人來寫一些有名的藝術家或文學家的書，有講朱銘的《刻畫人間》、講余光中的《茱萸的孩子》、還有林懷民、劉其偉、楊英風等等。

問：那您都到什麼地方去「打鳥」？

答：我住永和，以前這附近很棒，走幾步路就有金石堂書店，而且金石堂還在這附近開了一店及二店，另外也有誠品書店，後來有小小書房。誠品書店撤走以後，我就很失落，因為我這個人不喜歡到離家太遠的地方。雖然現在永和的比漾廣場下面，也有誠品書店，可是我不喜歡美食街飄來的咖哩味，跟書店的書香及咖啡香混在一起，我沒辦法接受。

問：什麼時候接觸到小小書房的？

答：我常去竹林路上一家叫做「樂屋」的咖啡店[4]，透過樂屋的店主「怪貓」，知道溪洲市場裡有一家書店（小小書房2.0店址），因此就認識了小小書房，不但買書，還參加文學讀書會、講座、活動等，有時會去喝飲料、看看書，聽聽音樂。認識小小書房以後，透過參加文學讀書會，克服了我在文學經典上面的障礙。在讀書會，聽到別人的想法，開始能夠由不同的角度去觀看一本書。以前比較會注意書的情節，還有，看書的時候，不太客觀，完全被作者牽著走，作者認為某個角色是好人就好人，是壞人就壞人，我很少會去想，這個敘述者是不是一個可靠的敘述者？他的敘述有沒有矛盾的地方？有沒有不合理的地方？那是不是對他所說的話，要有所懷疑，警覺有沒有前後矛盾的地方。

我覺得，來到小小書房的文學讀書會以後，最大的收穫是，比較客觀，而且呢，對我的生活也是有改變的，以前我是比較執著——就是我認為說，這件事情這樣就是這樣，比如說，同一件事情，我的日記就是寫這樣，但你偏要說那樣，但是因為有讀書會的訓練，再加上因為看了很多書裡面的不管是作者，或者是受到一齊看這本書的書友們不同的觀點的激盪，我在很多事情上變得會比較放手，不會像以前那麼執著，而是會先想一想，這件事情是不是真的重要到非要得到真相不可？那「真相」又是什麼？我認為，在小小文學讀書會的閱讀，對我有很關鍵的改變。

我參加小小的世界文學讀書會和華文文學讀書會，已經參加了差不多快十年，目前（二〇一九年四月底）為止，已經讀了九十本書。其中有的書花比較多時間，比如說《卡拉馬助夫兄弟》長達十堂課，但是我很有成就感，因為書中角色誰跟誰是什麼關係，我常搞不清楚，而我跟著讀書會，竟然克服了這麼厚、人名這麼長、這麼難讀的書。所以，我很感謝小小書房開設了文學讀書會，至少成年人如果有心，社會上是有這個機會的。

至於說，讀的東西可以吸收多少，不見得我現在覺得對的，就是真的對的，現在吸收不了的，誰知道哪一天突然靈光一現，噢，那時候講的原來是這樣，或者搞不好也不是這樣，但是都沒有關係，重點是閱讀這件事，為我的生活帶來什麼樣的改變。

問：請選出五本對您影響最大的書？

答：我想從小小書房讀書會裡讀過的書，選出我比較喜歡的，或是我覺得比較有意義的五本書。

第一本我選的是王文興的《家變》。為麼覺得它很好？因為它是華文創作，沒有透過翻譯，就是第一手的書寫，它有一種文字的力道，比如說，它開頭就寫：「一個多風的下午，一位滿面愁容的老人將一扇籬門輕輕掩上後，向籬後的屋宅投了最後一眼，便轉身放步離去。他直未再轉頭，直走到巷底後轉彎不見。」裡面講到好幾個一，那種重複的力道，你如果翻成其他的語言，可能就沒有那麼強烈，節奏感真的好棒。當然，它不一定是我的菜，因為我比較浪漫，但我還是覺得，這本值得我選。

《家變》、《殺鬼》、河畔三部曲、《風中綠李》與《勞兒之劫》，皆為小小書房文學讀書會曾讀過的書。

第二本也是華文創作，甘耀明的《殺鬼》。臺灣歷史竟然可以這樣寫，又有漫畫又有卡通，天馬行空卻又非常流暢，這種鄉野傳奇，不是司馬中原那種鄉野傳奇，而是完全很臺灣的鄉野傳奇，鬼王啊什麼，這就是臺灣人。原來臺灣的東西可以寫得這麼地現代、這麼漫畫，而且裡面都是歷史，都是發生在這個土地上的戰爭，哇，打動我，這樣子。

第三本是捷克小說家赫拉巴爾的河畔三部曲（《剪掉辮子的女人》、《甜甜的憂傷》、《時光靜止的小城》），我覺得它有一種古典音樂的節奏感，情節寫得很日常，可是又很細膩，我很喜歡。

第四本是生於羅馬尼亞的德國作家荷塔．慕勒的《風中綠李》，另一本《呼吸鞦韆》我也很喜歡，非常喜歡。作者寫得像詩一樣，就是言外之意，每個人都有自己的「樹葉」，而「樹葉」是什麼？寫得真精簡，又很詩意，很難去形容。她寫那些羅馬尼亞人，在集中營裡面，看著雲，呼吸鞦韆，就能夠神遊，我覺得好有感觸。

第五本是法國作家莒哈絲《勞兒之劫》，簡直是，怎麼可以把這樣子的一種情境，用文字表達，那種情境很難catch的，好厲害，真的好厲害。這些作品都不是我以前所能夠克服的，自己讀，絕對看不懂。

問：閱讀對您的意義和樂趣是什麼呢？

答：對我的意義，就是，生活的一部分吧。閱讀的樂趣，就是自己爽啊！我記得以前沙貓有講，閱讀就好像踩腳踏車上坡，哇，一直踩一直踩，很辛苦，最後終於爬上來；爬到山上之後，下坡時，一陣風吹過來，那時候，真是一個字：爽呀！

編註

1 二〇一六年八月十三日，蔡焜霖以白色恐怖受難者的身分，出席《走過長夜：政治受難者的生命故事》在小小書房舉辦的新書發表會。

2 採訪者註：一九七〇年代一種原裝進口的高價洗髮精，特殊的青草香味，是不少四、五、六年級生記憶中的味道。

3 一九八八年的一宗幼童綁票事件，由於案情膠著，加上一連串的媒體報導，引起社會對孩童失蹤問題的恐慌。（參考整理自：司法改革雜誌資料庫，網址：https://digital.jrf.org.tw/articles/2200。）

4 現已轉型為「樂屋好食」。關於「樂屋好食」與店主「怪貓」，可參照本書一一八頁。

往復於世界與閱讀之間的文字迷戀者

——專訪陳美桂

採訪、撰文／陳安弦　攝影／吳欣瑋

姓名：陳美桂
出生年：一九五七年
出生地：臺北市六張犁
現居地：新北市永和區
從小到大是否跨城市搬遷過居所？是
每月用於購書的金額約：2000元

松本大洋

前言

美桂老師總在向晚時分，翩然出現在小小門口。有時，還沒看到人，就會聽見她在店門口，和店貓們打招呼的溫柔聲音。

美桂老師逛書店，安安靜靜。說「逛」，似乎不夠精準，她身上所散發的氣質，會讓人覺得，她是在書海之中游弋，與她交會、或擦身而過的每一本書、每一個字，都像她的友朋，而她自遠方來，彼此親密、無聲地交流著。

美桂老師離開書店，必然不是空手。她有時帶著大袋子，有時攜行李箱，用書填滿它們。有賣書，店員們總是很開心，但又擔心她路上太重，她總是微笑說沒關係沒關係，我家很近，我也喜歡走路。

美桂老師任教於北一女中，教的是國文。關於她，還有另一個小故事：有一次，我和同事、同事的好友同桌吃飯，聊起《愛字的人》將要採訪美桂老師，同事的好友驚嘆一聲——原來她剛好在一年半前，考進了北一女當約聘教師，也教國文，因著工作，和美桂老師有諸多交集。講起美桂老師，她的眼神裡，滿滿的崇拜。

訪談之後，我便了解那樣的崇拜從何而來。從小到大，身為叛逆學生，很少有一個長輩，能讓我心甘情願，尊敬地喊一聲「老師」。但面對美桂老師，卻自自然然地喊出口了。

美桂老師的閱讀經歷極為精彩豐富，我們整整談了三次，才使訪談稿趨近完整。第一次訪談，我看見時代、環境與機緣塑成的一位典型「文青」：她幼年讀報紙連載、讀租書店來的言情小說、聽廣播劇、看黃梅調電影；國中讀副刊、迷三毛與徐志摩；高中時讀「新潮文庫」；大學時，除了接受師大中文系紮實的傳統中文教育，她還讀奚淞、黃春明、王禎和……那是年輕讀者不曾經歷的閱讀環境。

離開學院、進入教職工作與家庭之後，這位「文青」也沒有停下腳步——尤其重要的是，她沒有停留在文字的領域，而是伸展著靈敏的觸角，往四面八方探去：電影、音樂、繪畫、舞蹈、表演藝術……而這伸展的基礎，仍是閱讀：實地探勘世界，再與書中世界相對照，如此不斷往復，串聯起知識、情感與人。第二次訪談，美桂老師和我聊起她與年輕創作者吳俞萱、與傳奇詩人周夢蝶的緣分；聊起她如何喜愛木心的文字，以及造訪木心故居與木心美術館所受到的震動。

第三次訪談，美桂老師談的是她近幾年對建築燃起的熱愛：跟團出國，只為親炙大師建築；徹夜蒐集、閱讀建築師們的訪談與著作；甚至開始旁聽建築與都市規劃相關的學術研討會……等等不可不謂瘋狂的行徑。談的過程中，美桂老師不斷自謙自己並非建築專業，只是喜愛——只是喜愛的話，何以至此呢？我想，喜愛背後，應是無止境的好奇，我很敬佩：一個人對世界、對藝術的探求動力，為何能夠如此源源不絕？

在《印刻》雜誌第一八一期，美桂老師受邀發表一篇〈文字迷戀者如我〉，她如此寫道：「木心說，很多人辜負了藝術的一些教養，但他一直是在保持對藝術的這個忠心，不肯放手。我想成為那樣的人，好奇、簡單、詩意，乘物以遊心，從容自在且忠心於藝術文字的人，在花葉光影、山脈河川、萬物生靈中行走和靜止的人。」這樣一位以字、以書堆疊生命，滋養靈魂的閱讀者，究竟是如何養成的？期望這篇訪談稿，能夠讓大家窺看一二。

訪談

問：有記憶以來的閱讀環境，大概是什麼樣子？

答：我小時候住的地方是六張犁臥龍街，位於臺北很邊緣的地方，幾乎靠近今天所謂的墳墓山，那個地區有一部分是軍營，附近就是麟光新村，是軍人的生活圈；有一部分是傳統的農居，可以聽見瑠公圳水道在唏哩花啦、唏哩花啦的。

我的母親基本上是國小五年級的學歷，我的父親是軍人，他說話有條有理、書法也寫得不錯，但是在我的印象當中，他不是讀書人。我有兩個姊姊，大姊因為家庭經濟的關係，很早就去當車掌小姐，是一個忙碌的大姊姊，我二姊則是白天工作，晚上讀臺北商專（今國立臺北商業大學）補校，她們都沒有閱讀的餘裕。再加上家裡經濟狀況不好，可能還需要借貸吧，每天都在做手工代工、能掙一點錢就是一點，在那種情況下不可能買書。要等我長大，自己慢慢一點一點地買，我們家才開始變成有書階級。

我小時候對「書香門第」這四個字非常敏感，很清楚知道它的意思。國小二年級的時候，考完試老師會點名我到他家裡去幫忙改考卷，我走進老師家，可以感受到那種「家裡頭有書」的氛圍；或者有些國小同學，他的父母是教師，對我來講那就等同於，他們家是有書的家庭，相較之下，我家是沒有書的家庭。對「書香門第」，我是非常非常地崇拜、憧憬。

在家裡沒有書的環境下，我最早的閱讀記憶是報紙。不過，到底我們家有沒有花錢去訂報紙呢？還是因為我爸爸是軍人，所以我們就有分配到報紙？那它到底是《聯合報》、《徵信新聞報》（《中國時報》前身）、還是《中央日報》？這些我都不知道，當年還太小了，也沒有去問細節，但是有一個很完整的記憶畫面是，大概是每天早上六點多，我會在家門口等報紙從圍牆外丟進來。

在報紙上，我到底看了哪些東西呢？報紙上面應該有社會新聞啦、廣告啦什麼的，但是那些我都沒有印象。我唯一清楚的就是有所謂的「連載」。把報紙這樣一攤開來，「連載」的小方塊就會出現在某一個固定的角落，我現在猜，它可能是六百到八百字左右的故事。我很小的時候就知道有一個作家叫張漱菡，李清照《漱玉詞》的漱，草字頭的菡，張漱菡。我知道她的原因就是，那個小方塊裡頭的小說是她寫的，這個名字我非常非常的有印象。從連載裡面認識的作家還有華嚴。

另外一個閱讀的來源就是租書店。那時候家裡、學校附近租書店很多，租書也很便宜，甚至不需要花什麼錢——比如說，我家隔壁的姊姊去租書了，一租租了六本，那在還書的期限之前，誰讀這六本書都沒有關係，對嗎？有很多書就是這樣流到我這裡來。比較有印象的是金杏枝、禹其民的言情小說，晚一點有瓊瑤系列，和司馬中原的《紅絲鳳》、《啼明鳥》，我尤其記得的是禹其民的《籃球情人夢》，超厚的。

從連載的小方塊讀到言情小說的這個過程，可能就是我閱讀習慣的開啟——那還不能叫啟蒙，就只是開啟，我在這裡頭看到了故事、看到人物、看到對話而有所感受，那個識字、閱讀的感覺，可以自己一個人安安靜靜地讀的那個感覺，大概在我國小二、三年級就有了。

問：國小二、三年級，年齡其實還非常小耶，那個時候閱讀的動力從何而來？

答：我想，我那時是開始想像，要脫離我生活的身分、或是生活周遭的氣氛。就好像剛剛講張漱菡，她的內容其實有點像我們今天看的生活劇、連續劇，不外乎一些角色、一些微微淡淡的東西在那當中發生，可是那對我來講就是文藝。比如說我叫美桂、我的妹妹叫做麗雲、姊姊叫愛珠，我們這些聽名字就沒那麼有文化素養的普通小孩、普通地上著學，跟「漱菡」這兩個字、跟那種氣質非凡的感覺是有落差的。

而且，我不只透過閱讀這個單一管道，而是從包圍著我的所有東西——包括影視、音樂裡面，去汲取我想要接近的生活、我嚮往的文藝圈的感覺。

我記得國小三年級到五、六年級之間，我跟我妹妹一起聽了好長一段時間的廣播劇。中廣當時有一個固定時段的「廣播小說」——就是唸小說而已啦！每天晚上八點半到九點，只播三十分鐘，男角跟女角會由不同的人來唸，並且由一個非常好聽的聲音來做旁白，去敘述角色的行動。我記得我為了這寶貴的時間，一定要完成功課，拖完地、洗完碗，讓媽媽不會突然叫我去幹嘛幹嘛，然後我跟妹妹可以躺在床上，很充分地享受廣播劇的時間，透過聲音去想像、去「閱讀」。瓊瑤的小說在被廣泛地改編成電視劇之前，就是先以這樣的形式進到我們的生活裡面來，她的《六個夢》、《庭院深深》這些作品，我們是文字一趟、廣播劇一趟、電視劇一趟、電影又一趟，熟到不得了。瓊瑤的女主角談戀愛都會引用詩詞，所以我大概國小三年級左右就會背「碧雲天，黃葉地。秋色連波，波上寒煙翠。山映斜陽天接水，芳草無情，更在斜陽外。」……什麼什麼的。

然後呢，因為我爸爸是軍人，他偶爾會有勞軍的電影票，我媽媽又是影迷，我從國小就看非常非常多的電影，同學來問我某部電影片名是什麼？男主角、女主角是誰？我馬上能對答如流。因為我功課好嘛，記憶力可能也超強，那些電影裡面的文學就慢慢置入了。像是林黛演女主角的《藍與黑》，是抗戰小說《藍與黑》改編的對不對？《星星・月亮・太陽》，也是徐速的小說改編，還有《翠翠》——雖然是很後來才知道那是沈從文的小說《邊城》改編的。尤其是《梁山伯與祝英台》（以下簡稱《梁祝》）、《七仙女》、《江山美人》這些黃梅調電影的唱詞，對我算是某種文學教育了，我幾乎都會唱喔！

問：可以舉些迄今印象深刻的片段嗎？對您的影響為何？

答：像剛剛說的黃梅調電影《梁祝》，裡頭有一段「樓臺會」，講的是梁山伯聽說祝英台要奉父母之命嫁給馬文才，氣急攻心，要去挽回祝英台，但他是個窮書生，什麼都沒有，祝英台身邊的小丫鬟就安排他們兩個在樓臺私會。「樓臺會」我記得總共有五支歌曲，它的歌詞不像是宋詞或詩，可是非常有文學性，其中一部分是這樣唱的：（開始唱）「（英台）我為你，淚盈盈，終宵痛苦到天明。（山伯）我為你，汗淋淋，匆匆趕路未曾停。（英台）我為你，氣難平，幾次傷了父女情。（山伯）我為你，碎了心，哪有良藥醫心病？（英台）信難守，物難憑，枉費當時一片心。（山伯）心似火，手如冰，玉環原物面還君。」

然後接下來有點像戲曲：「（山伯）吞聲忍淚別卿去！」就是說我沒有希望，我要走了——可是他是抱病來的，英台就很捨不得他說：「你抱病含悲怎能行？」梁山伯說：「不能行，也得行，我死在你家總不成。」英台：「梁兄切莫太傷神，珍重年輕有用身，放下婚姻談友愛，何時你再上我家門？」山伯：「將來有命終相見，無命今生不相逢，只有向草橋鎮上，認新墳。」英台唱：「認新墳，認新墳，碑上留名刻兩人，梁山伯與祝英台，生不成雙死不分。」

在電影裡面，英台唱完之後，配樂通通響起來了，那叫如癡如醉、蕩氣回腸。我國小上學校是背著書包、自己一個人走在路上，一會兒唱梁山伯、一會兒唱祝英台。這是我自認跟文學、文字養成有關係的部分。

問：哇，是不是可以說，從國小到國中時期，您對文字的喜好和浸淫的程度，一直都超前於在學校所受的教育？學校在閱讀方面曾給您什麼嗎？

答：可能是我稍微早熟一點點。我記得小學圖書館裡面有一大堆東方出版社的注音書，《茶花女》、《小五義》、《七俠五義》、《鏡花緣》之類的，西方的就有《福爾摩斯》、《亞森．羅蘋》那一系列，也有《東方少年》這種兒童雜誌給我們看，但那就不是文藝的內容。倒是國中的時候，有兩件事情非常重要。第一件事情是，我在國中的課文裡讀到了許地山的一篇〈春的林野〉，它非常的短，大概只有三、四百字，裡頭的女主角叫做「邕邕」——光這兩個字，我就覺得簡直是不可思議的名字。這篇散文，用一個很簡單的，男孩子在春的林野裡面跟一個女孩子搭話的故事，來代表春的萌發、春的來臨，我當時覺得這篇散文好有畫面，是我們那個年齡能理解的感情。第二件事情發生在國二，因為國文考試考得好，一個年輕的實習女老師送給我一本施篤姆的《茵夢湖》，我也從這本書感受到異國翻譯小說很大的魅力。

這兩件事情，讓我開始意識到「文學」，便更大量去吸收各種不同的作品裡頭，和文學有關的內容與意象。那時已經開始會讀報紙的副刊散文，最震撼的是三毛，她的《雨季不再來》、《撒哈拉的故事》，帶來的異國想像非常有趣、活靈活現的。蕭芳芳跟劉德凱演的電視劇《秋水長天》對我也有影響，那是一部很文藝、很文藝，劇情非常非常淡的電視劇，蕭芳芳演的女主角有一種內斂的矜持，非常的文青，我就非常喜歡。在音樂、歌曲上面，

《金曲獎》和「金曲小姐」洪小喬跑出來了，她是一個像是素人一樣的創作歌者，戴著寬邊草帽、抱著一把吉他，她的節目，我一定從不管哪裡都要飛奔回家裡看的。

問：老師高中讀的是北一女，也曾寫過一篇〈天堂引路人〉，裡面提到就讀北一女三年對您的人生有重大影響，可以談談這段時期的閱讀嗎？

答：我記得在那篇文章裡面，第一句話就是說，「穿上綠衣的那年，我的心裡漸漸地笑開了。」那種「笑開」講得白一點，就是我認為，我是有希望的人了、穿上綠制服讓我有不同的命運了。你可以想像，我父親是個小兵，母親又是養女，我小時候家裡是真的沒有資源的，考上北一女對我來說，等於是拿到改變命運的門票、一個保證。

在北一女三年，我想最最重要的事情就是，不靠補習，把自己的功課顧好，行有餘力就去做自己想做的事情。我們平常下午四點鐘放學，星期三還有小周末，整個下午都是《擊壤歌》那種氛圍，可以在城中漫遊，逛書店、看電影、看表演——包括延平南路上的實踐堂（今國家圖書館「藝術暨視聽資料中心」）、中山堂，中華路上的臺北國軍文藝活動中心，更遠一點的東南亞大戲院、青康戲院（已歇業），我們都常去。像《魂斷藍橋》、《真善美》、《賓漢》這些世界級的電影，都是我高中時期的養分；而這時期所養成的走路、漫遊習慣，至今也不曾停止，就像呼吸一樣自然舒服。

我在高中之前，對圖書館似乎沒什麼印象，可能學校藏書不多；但是高中幾乎都待在圖書館裡，跟圖書館的關係非常密切。當時看的書包括兩類，一類主要是新潮文庫引介的存在主義著作，包括沙特、卡繆、叔本華這些西方哲人、文人的作品。這裡要岔出去講一下，我國三的時候，我二姊正在讀臺北商專補校，她的導師，是當時中華書局總經理熊鈍生的太太，她就找我姊姊去重慶南路上的中華書局當工讀生，所以姊姊曾經送過我一些滿厲害的書，包括我十七歲生日時，送我校註版《唐詩三百首》，還有尼采的《查拉圖斯特拉如是說》——那是我擁有的第一本西方哲學書。

然後，在高一下學期，書店裡需要夜間工讀生，幫忙顧店，我就開始在中華書局打工，下午四點放學、六點開始上班顧店。顧店的時候，我被規定不可以念數學、英文、國文，只能整理書、或者看店裡頭的書，那時候中華書局除了像《論英雄與英雄崇拜》、《希臘羅馬名人傳》這種比較硬的西方著作以外，大部分都是中國傳統的東西，我就多少都念一點，有這樣的基礎，再加上在學校圖書館大量閱讀新潮文庫的揭注，等於是中、西方兩大傳統的同時前進的意思。我在中華書局一直做到高三，功課開始忙了才沒做的。

除了這些似懂非懂的存在主義、西方哲學思潮，比較深刻的當然是有故事的文學作品：湯瑪斯．曼的《魂斷威尼斯》、卡繆《異鄉人》、三島的《金閣寺》，這幾本書我不知道為什麼都非常地熟，應該是反覆看的。還有赫曼．赫塞的《流浪者之歌》，太深刻了，如果現在讀到，我當然知道他寫得很好，可是絕對比不上在那個時刻，我的成長需要這個東西，而我剛好就讀到了。

問：這個時期的閱讀裡面，有臺灣或華文作家的作品嗎？

答：有，可是很奇怪，就是我們既讀那些西方經典作品，又會讀鍾梅音的《海天遊蹤》——可能是一種對遠方的嚮往吧？然後是梁實秋的《雅舍小品》、《槐園夢憶》，在那個時候是非常經典的。胡品清也是高中時候讀的，她吸引我的地方坦白說是一種腔，就像我後來會喜歡木心一樣，那種看事情的方式、說話的節奏，非常對我那個喜好文藝的性格。記得當時寫週記，都會有點模仿胡品清那種，有一點翻譯腔、很特殊、很飄忽又細瑣的中文表述法。還有張曉風，那時候《地毯的那一端》真的很紅。

新詩方面，徐志摩很早就進到我的閱讀裡面來，不曉得為什麼，徐志摩的詩集，我會背，連詩集的序文啦，梁實秋寫他、胡適悼念他的文章，都讀得非常的熟，還會手抄他的詩、自己去譜曲誒，就是會這樣亂來的小文青。那時候我甚至有買徐志摩全集，買了徐志摩，當然就會買朱自清、郁達夫。然後就是高三的時候，校園民歌風潮帶來了余光中，余光中帶來鄭愁予，詩歌的閱讀大致就是這樣子。

講到張曉風，蔣中正過世的時候，她寫了一篇哀悼文〈黑紗〉，刊登在中央日報上。「黑紗」是軍民同悲的一個象徵，當時我高三，蔣中正四月五號清明節過世，我們六月畢業前的畢業照，制服上一律配戴著黑紗。但是很奇怪，我們都沒有反抗誒，至少我那時候沒有什麼政治覺醒的意識，甚至還有兩件比較離譜的事情：一是蔣中正過世一周後，有一天放學回家，就看到我媽媽在家裡設了一個小靈堂，叫我過去拈香鞠躬，就在我家客廳誒！我竟然也沒有覺得不對，就照著做喔！另一件就是，我為了要瞻仰蔣中正遺容，繞著國父紀念館不吃不喝不睡徹夜排隊，好像我們現在排演唱會一樣，非常的瘋狂。

但是，我同時也有機會接觸黨外雜誌。我家當時租房，隔壁的鄰居家有一個跟我同屆的女孩子，讀景美女中，她的大哥是讀政大哲學系的，會把黨外雜誌藏在閣樓，我有時候到他們家去玩、或者他們過年回苗栗的時候幫他們看家，就會去看。我要說的是，當時我對這些東西都沒有反感、也有一定的好奇，就是處於多方面地吸收各種想法的狀態。

問：高中時已有購書的習慣了嗎？

答：剛開始而已，而且還不太敢買原價書，所以牯嶺街對我來說很重要，那裡就是舊書很多嘛，買起來比較沒有壓力。另外還有一種叫風漬書，像剛剛說的徐志摩全集，就是在重慶南路找到的風漬書；當時還有一個國際學舍書展，有點像今天的臺北國際書展那樣，書迷會在那裡大聚集，我也都會去，書展的書都會打折嘛，在那裡也可以買一些。

問：上大學以後，中文系對您的影響？閱讀的方向有所轉變嗎？

答：在師大中文系，我們學古典文學、文字學、聲韻學、訓詁學，也要寫書法、背古文，大體上是很務實地在接收一套中文式的教養。受這樣子的傳統中文教育，對我來說毫不違和、毫不勉強，尤其是在詞章上，根本從小就已經稍做準備了：除了黃梅調、校註版《唐詩三百首》，還有一本《白香詞譜》——那也我高中時買的風濆書，它選錄了一百闋詞牌的代表作，比如說「虞美人」、「西江月」啦這些，一個字一個字去告訴你這個是平還是仄、還是押韻還是怎樣怎樣，所以我很早就知道說，照這樣填進去就可以創作出一闋詞，也有嘗試過。這些中國古典的東西，尤其是詞章，對我來說就是很順地可以吸收。

但是在古典中文的教養之外，有一門課影響我很大，就是楊昌年老師開的「新文藝」課程。現在大學裡開現當代文學課是一件司空見慣的事情，中文系、國文系或是臺文系，都會有。可是在我們個年代，楊昌年老師他可能是師大裡頭唯一一個能開這個課的教授。他的性格完全不是師大那種謹慎、保守或者是傳統文化風範，他講課，會坐在講桌上面，可能還會在課堂上抽菸。

我修過楊昌年老師教的散文課和小說課，在課堂上我們就讀張愛玲《傾城之戀》、《流言》，黃春明的《鑼》、《青番公的故事》，王禎和《嫁妝一牛車》，奚淞《封神榜裡的哪吒》，還有李昂少女時期的小說〈花季〉、〈人間世〉，廖輝英的《油麻菜籽》或是以後的《不歸路》什麼的，這些現代文學第一代的文學作家，我們當時都有讀過，等於是打下接觸現代文學的基礎。老師也鼓勵我們創作、投稿，我們自己也有辦刊物。我算是班上能寫的，據說啦，班刊裡頭只要有我的文章，我們班的男生就會等著要看這樣子。但是我沒有成為寫作者、創作者。可能我對教學、教育和對孩子的照顧，太投注了，所以滿早就放棄掉成為一個創作者的可能。

問：成為老師，離開學院之後，如何維繫閱讀？

答：我畢業之後，先到永春國中教了兩年，再在芳和國中九年，然後是中正國中兩年，加起來就十三年，之後回到北一女。教國中的這整整十三年，我是非常非常投入在教學上面的，這段時間，說實在我是一個教育人，不是一個文學人，雖然說我繼續在追副刊，對蔣曉雲啦、蘇偉貞啦、朱天文啦，還有各種報刊的文學獎都瞭若指掌，可是這個跟我的教學是兩回事，因為教國中生，面對的主要是學生的成長問題，不要說談文學了，這些小孩子有時候根本連生活都有困難，家裡沒有錢、沒有飯吃什麼的，我甚至還曾經把有困難的學生帶到家裡住、或者額外到學生家裡幫他們補習，每天都搞這種事情。

當時我有參加幾個藝文團體，其中影響我最大的是「繪畫欣賞交流協會」，它會舉辦很多付費講座，成為會員的話，聽講座之外，還可以借講座的錄音卡帶回家聽。我主要是去聽蔣勳老師的課，幾乎每周都會去，一堂課大概是三個鐘頭，不只講繪畫，也講文學、美學。蔣勳老師同時在警察廣播電臺有一個節目叫「文化廣場」，每個星期天早上九點到十點播出，對我視野的開拓有非常大的幫助。他在節目上談的東西非常多，《詩經》、《楚辭》這些古典文學當然不在話下，也談現當代的魯迅、沈從文、談他的老師臺靜農，還有俞大綱——是蔣勳和林懷民、奚淞他們的老師；他受俞大綱影響，也談戲曲；因為他自己留學法國，也能談梵谷、高更；談電影，他可能邀請蔡明亮來對談，談得很深，或是談阿巴斯《橄欖樹下的情人》剛在什麼影展上獲獎，這種新的資訊；當然一定也談雲門舞集、蘭陵劇坊……

我聽這個節目應該有十年，這十年，我雖然沒有成為蔣勳老師的入門弟子，但是聽他的廣播、上他的課、買他的書，我等於是在接收他、和他的老師們的養分，藉此進入了一個很大的學堂，也讓我跨出文字之外，去涉獵別的領域。

所以我到北一女教書之後，高一第一堂課一定是教蔣勳、林懷民、奚淞，有點發了瘋似的，不管學生認不認得他們，我一定要帶著這三個人，打開高中的第一堂課。

問：這段期間，家人有給您一些支持嗎？

答：我的先生當然會支持我花一部分的時間在外面聽演講、看電影，他是很知道他太太很優秀、很渴望學習的，像我參加「繪畫欣賞交流協會」的時候，已經有小孩了，有時候是我先生帶著孩子去接我。還有重慶南路的永豐餘「知新廣場」，蔣勳、楊祖珺都在那裡辦過收費講座，我也經常去那裡聽課。現在我基本上是無人能管的，因為小孩都大了嘛，一個周末假日大概可以參加六場以上的新書發表、或是看好幾場表演及展覽，可是當時一定是以兩個孩子的成長和教養為主。我雖然會往外跑，但是沒有太逾越，還是稱職的家庭主婦。所以廣播是我大量運用的工具，那時就不是像小時候聽廣播小說的故事那樣了，是聽新知、新資訊的。

當時我心裡有一個很完整的時間表，星期幾、幾點、哪個頻道會有什麼樣的藝文廣播，我都知道，有一次列出來，總共十三項呢！蔣勳的「文化廣場」是一定要聽的，其他還有愛亞主持的「詩的小品」啦、梅少文在漢聲電臺的「文藝橋」啦，也有侯文詠。那時，一個家庭主婦在家要洗衣服、擦地什麼的，沒辦法看電視，但我家有三臺收音機，廚房一臺、客廳一臺、臥室一臺，我就把它們全部轉到要聽的那個頻道，讓我可以一邊做家事，一邊無縫接軌的聽。

問：近十年來，您的閱讀讀物從何處來呢？購書的習慣與模式是否有所改變？

答：講到這裡，我必須感謝小小，為什麼呢？因為我對獨立書店的概念有兩個源頭，一個是小小書房，另一個就是舊香居。

我結婚之後搬到永和這邊來。我記得那時候，虹風還沒有真正的成立小小，但是已經開始在部落格上寫著書店誕生、籌備的訊息，我就follow著她的動向，心裡非常敬佩她。我想，我如果沒有成為老師，開一家書店的可能性很高誒，因為在書店待過，當過店員嘛，但是我沒有那個機緣，也沒有那麼勇敢，對這些勇敢地開了書店的人，我是很感謝的。

後來小小1.0開了，就在竹林路，永和國父紀念館的對面巷子，那時我已經在北一女教書，小孩也大了，時間比較自由，所以很常窩在小小，甚至二〇〇六年跨年那天，我還選擇在小小參加林正盛導演擔任主講的電影讀書會，結束之後再走路回家。

虹風經營小小的方式，讓我看到現代性，還有那種生長在野草地裡頭，雖然辛苦，但也能夠長得很好的那種強韌。我能夠養成在獨立書店購書的習慣，或者說，能夠看到或理解一點點獨立書店的經營，小小對我的影響是很大很大的。我在小小買書，很容易就買到兩、三千，提著好幾袋叫我先生來接我。去有河Book也是，甚至去有河會提得更多，因為比較遠、比較少去嘛。所以我先生就很怕我去獨立書店，他說你直接把錢給人家就好！你不要換成書回來。

我會感謝舊香居，是因為它讓我看見一間老派書店的樣子。舊香居是很有歷史的，他們所舉辦的展覽，讓我感受到一間有底子、接近五四文人氣質的書店，他們思考的事情、經營的方式跟視野，讓人沉浸書香古老味道。他們每一年都會辦特展、出專刊，展出那些老派藏書家、愛書文人家裡珍藏的絕版書、珍品，像張愛玲的絕版書啊、《劇場》雜誌啊，《人間》雜誌這些，你一看就知道，這些書是有機會就要好好欣賞，根本不可能問個價錢就帶回家的。但是那也是我另外一個對書籍的想像跟養分。

問：網路上的閱讀或購書，有占據老師閱讀來源的一部分嗎？

答：網路對我來說還是屬於資訊的來源，而非閱讀的來源。我喜歡接收新知，比如說，如果喜歡的作者有接受訪談，而這篇訪談還沒有被收錄在實體書裡；或者，有還沒有出版的單篇文章，我會很想看，我的網路閱讀，基本上就是這些東西。

我有一個習慣：我不會到博客來購物，一定會親自到書店買書。一來，我是小小、有河book的長期書迷呀。二來，我喜歡親自買書這個行為。我們同事現在都是網路買書居多，到底這樣有沒有更好？我也不知道。但我就很執意一定要在實體書店買，而且最好是像小小、有河book、浮光書店，或田園城市風格書店這樣的獨立書店。我甚至還會自己分配：假如說，要買的書總共這麼多，那就在小小買三本、在浮光買兩本、在另外一個地方買兩本，這樣子。買的時候，會有一種很安心的感覺，因為獨立書店的存在，背後都有它實際的支出，要維持環境、要辦講座，像小小和有河又這麼愛貓，光是口頭上講講，或把學生帶過來，讓他們知道有這個書店，告訴他們書店是城市的文化風景、城市之光，我覺得這樣不對，太廉價了。

然後我還有一個習慣喔！假設最近我在教周夢蝶，一個老師跟我聊天，問我說：「美桂老師，我們現在要怎麼樣才能讀到周夢蝶的書呢？」我說有有有，掃葉工坊有出版《夢蝶草》，然後想想，他是年輕老師嘛，才剛進來兩、三年，我就會說：「你進來的時候我好像沒有送你禮物喔？明天我送你一本《夢蝶草》。」那《夢蝶草》我一次會訂幾本呢？就訂十本，有時去研習、去講座，我就帶個兩、三本，一方面當成獎品送給聽眾，另一方面，邀請我去研習講座的人會給車馬費或鐘點費，我就有備而來，送書給他。因為這樣，我的書常常是十本、二十本的買。所以你問我每個月花多少錢在買書上？我真的對金錢數字沒有什麼概念，但是兩千塊絕對跑不掉，不小心可能到三千或五千。

問：可以挑五本對您有意義的書推薦給我們，並且說出原因嗎？

答：只有五本實在太難了。我想先推薦兩位和我緣分很深，有深厚情感的作家，吳俞萱和周夢蝶先生。然後，談我最喜歡的作家，木心；最後，就三個類別做推薦：「電影」、「走路」和「建築」，這三個類別，或可稱之為構成現在的「我」的元素，是我近幾年來，持續擴展閱讀、甚至是實踐中的方向。

之所以把吳俞萱放前面，是因為她的年紀：她在我想要推薦的作家裡面，應該是年齡最小的。俞萱的每一本書我都有。《交換愛人的肋骨》是她最早的詩集，二〇一二年出版的，但我其實是在更早以前，偶然參加了她在牯嶺街小劇場的詩電影講座，那次她將美國新浪潮電影之母瑪雅．黛倫的實驗性作品，與零雨《關於故鄉的一些計算》詩作對讀，講課、讀影像與詩的方式，都讓我印象深刻。後來，我剛好有機會邀請俞萱，來北一女的電影讀書會當講師——這個電影讀書會叫做「綠光」，是我和學校裡喜歡電影的老師們組成的社團，俞萱當時已在苗栗的全人中學當老師，但是居然一口就答應北上。

在「綠光」講課，俞萱還是用電影與詩對讀的方式，來講一些實驗電影。她會問大家看到了什麼？怎麼解釋所看到的東西？那是沒有固定答案的，我們自行發揮、聯想，像孩子一樣，重新去定義自己的視覺、聽覺，甚至是去定義電影和詩。我覺得從她身上，我一直有這樣的發現。同時，因為有了在學校社團的互動，我好像漸漸變成了一個可以被她記得的讀者了。可能俞萱也從我身上看到了某種對藝文的，很單純的愛好，後來她只要出版作品，都會寄書給我，我們也會偶爾通信。

她的作品《隨地腐朽》，算是她寫給九十九位大導演們的情書集結，像大島渚、達頓兄弟、寺山修司……等等，讀的時候，我未必熟知每個導演，但是可以知道俞萱如何以一個影迷的身分，去跟這些導演對話，談影像的觸動、電影裡的符號。《居無》則是她在臺東池上居住的小札記，那時她毛遂自薦，到池上國中去當社團老師，每個星期三去上課，跟池上國中的小朋友們玩詩。作為一個教學者、又是詩的愛好者，我非常喜歡俞萱對學生提領、引導的方式，記得有一篇，她寫她叫學生閉上眼睛，拿一條繩子，讓他們抓著繩子在池上國中裡行走；她會問學生一些很哲學的問題，比如說，什麼叫做「背叛」？什麼是「孤獨」？什麼是「傷害」？她要去找字詞的源頭——非常西方哲學的教法。而她的學生們也好像真的可以打破框架，他們之間的對應，我都覺得非常好，每次到池上去，我一定會帶著這本書。

俞萱的文字，或她這個人，真的讓我重新回過頭，辨識文字的意義、價值的意義，她雖然很年輕，可是她的創作是這麼的排除了雜質和世俗的設定，就好像去問，赤著腳在沙灘上走路，會怎麼樣？放空自己在山裡面，會聽到什麼？凝視一片葉子的時候，會看到什麼？她讓我看到生命原初的本質，以及人類的精神運轉其中，迸發的種種星系的色彩、靈魂的膨脹與收縮。她是這麼多作家當中，我打從心眼裡頭很佩服的，不是基於某種崇拜，而是在一條文字修行的路上，她永遠是個實踐者。我也很幸運可以跟她有一種交會，她的演講、分享，如果有空我都一定會去。她對我的影響太大、太重要了。

周夢蝶先生的題字。

跟周夢蝶先生的緣分，也來得很特殊。我讀高中的時候，對詩的接觸是透過徐志摩、余光中、鄭愁予，對夢蝶先生和他的作品沒有什麼概念，所以，雖然夢蝶先生當時在明星咖啡樓下擺書攤，離北一女非常地近，我卻都沒有真正去看過。大學時，對新文學的閱讀又偏重散文和小說，也沒有機會認識。要一直到我當老師以後，才開始擴充詩的閱讀，像是楊牧、洛夫，周夢蝶先生的作品，差不多是這個時期才真正讀到，但也不曾認識他本人，只有偶爾在重慶南路的街角擦身而過，看到他穿著長袍，飄然而過的身影。

我是北一女極光詩社的指導老師，詩社的第一課，我一定要介紹的就是洛夫和周夢蝶。有一次，我的三個學生，她們要做一個小論文，想以周夢蝶先生為主題，來請我幫忙看該怎麼寫。我們想想，覺得應該要去訪問明星咖啡，去蒐集、了解周夢蝶先生當年擺書攤的故事和細節。明星咖啡當時是第二代的經營者在主持，他很熱心告訴我們說，周夢蝶先生偶爾還會去明星咖啡，假如他出現了，他會趕快打電話告訴我們，讓我們從學校趕過去，遠遠看夢蝶先生一眼。

然後有一天，電話真的打來了，那時剛好是暑假輔導課，我和學生趕快一起過去。那時真是，誰也不敢貿然去跟他講話，因為畢竟他的形象是那麼清淨、是一個文學史上傳說一樣的人物……但後來忘了是怎麼回事，我們還是跟他開口了，而且，還談得起來，談一談，他居然又跟我們約，告訴我們說他哪一天會來。那我們回去當然趕快做準備啦，要問他什麼、哪一首詩的典故等等。

我們跟夢蝶先生談話，學生發問，我也會發問，問他的詩裡頭，佛經的典故等等，他都會慢慢地講，講故事給我們聽，很願意講。他講話的速度很慢，而且一旦講，就是四、五個鐘頭，下午三點到晚上七、八點這樣。然後每次談話結束，他就會問，你什麼時候有空？那我的學生們，有時候要補習、要回家，最後就變成我跟夢蝶先生一直談，他都不會說要走，都是我比較有歸家的時間壓力，因為我先生下班會來接我，後來只好就跟他說，我們開車送他回家。就這樣送幾次以後，我有時候就到他家去聊天了。很久之後，夢蝶先生有一次跟我講說，他跟姓陳的有緣分，說幫他理頭髮的那個人也姓陳。

夢蝶先生——後來我都稱他周老師，他跟我什麼都講，講他的背景、他的母親，最喜歡跟我講《聊齋》和佛經，雖然我的慧根很淺，但他就慢慢講。像是他讀《紅樓夢》的心得《不負如來不負卿——《石頭記》百二十回初探》，書名是倉央嘉措的詩，為什麼要用這個？他也慢慢告訴我。有一次我寫信謝謝他，卡片上這樣寫：「萍葉依依尋著水聲，而水聲潺潺……」，周老師就回送我這段話，他寫：「萍水相逢亦有緣。況非萍水。」這樣前後應該有四年以上吧！我會到他家裡頭去探望，跟他聊天，陪他吃飯、買水果，一直到他生病、臨終、離世。我當然不是周老師唯一的、或者最親近的陪伴者，但是我自己覺得，我跟他，緣分真的非常非常深，周老師對我來說，幾乎就是親人一樣的了。

關於周老師，早先我被他的詩、他的字當中的氣韻吸引，他所講的每一句話、所寫的每一句詩，是這樣的脫俗、清新，非常迷人。例如他說，「據說：『詩乃門窗乍乍開合時一笑相逢之偶爾』。此一偶爾，雖為時至暫，但對深知冷暖之當事人（作者或讀者）而言，自亦可通於永恆；……」，這就是他生命的詩觀。後來，對我來說就不只是文字上的吸引力，還有背後這個人：在滔滔滾滾的凡塵當中，他的赤心，他的樸真非常獨特，人世間所有的算計、世故，我們多少都會學到，但他都沒有，他都不會。這就是周夢蝶，周老師這個人。

我的母親，比周老師早幾年離世。那時我將周老師的詩作〈人面石〉，印在追思手冊上，喪禮中由我朗讀，而〈人面石〉亦是周老師思念他母親的詩，寫著母親的生命，如何在人子身上延續。我每每想起生命中這兩位重要的人，心情都如這首詩所寫：「以你為軸心，我流轉／千匝復千匝」，縈縈迴迴，深深念念。

問：那木心的作品，又是如何進入您的閱讀裡呢？

答：我最早讀木心，可能是看洪範出的《瓊美卡隨想錄》和《散文一集》。木心他的文字，跟我們讀慣的華文完全不同，他的語法、語序、語態都非常奇特，不是我們經常在副刊或課本上面看到的款型。讀他的文字反倒像是在看某種藝術——舞蹈、音樂或者繪畫的感覺；或者說，那像是海底沉船之後，上湧的氣泡排列；又近乎是一種遺跡，背後有多少的時間、歷史塵霾，加上一種固執跟獨斷的說話方式——我不知道這樣形容準不準確，例如說：「別再提柴可夫斯基了，他的死……使我們感到大家都是對不起他的。」、「莫札特除了天才之外，實在沒什麼。莫札特的智慧是『全息智慧』。」光這個「全息智慧」你就要逗留一下，想一下。又例如，「海明威的意思是：有的作家的一生，就是為後來的另一作家的某個句子作準備。我想：說對了的，甚至類同於約翰與耶穌的關係。」你看，他跳到《聖經》裡頭去了，為什麼？它裡頭太多是讀者可以去想像、曲解、可以自己去尋疑的空間，好迷人噢，非常地迷人。

同時，他的世界是無比遼闊的，既不完全東方，也不完全西方，希臘古文明、《詩經》、《易經》，都在他的文字裡頭。例如他的《素履之往》，光這個名字就讓你迷死了，這四個字是《易經》裡面的一個卦，我們不會看的人，就算這些玉石珍珠放在你面前你也挑不出來，但是木心一挑出來，多漂亮：「素履之往，獨行願也」，他在說，你所走的每一步路，都是依循著你的素心，你就做自己想做的、行你自己的願。又如木心的詩集《詩經演》裡面：「遵彼烏鎮／迴其條肄／既見舊里／不我遐棄」，像這種出入古今，如天啟般的文字，太多了，會讓人非常地著迷。你怎麼可能在白話文學作家裡面找到第二個木心？沒辦法完整地描繪他，他太豐富、逸出我們所能定義或定位的範疇太多太多了。

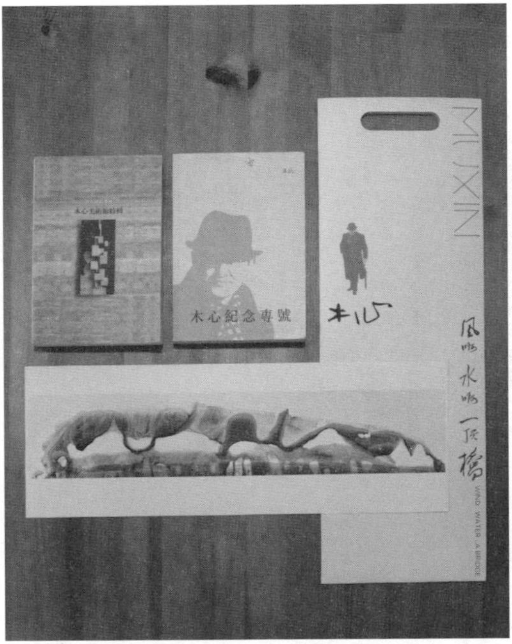

每一年，美桂老師都會為了木心美術館出版的專刊，特地前往木心的故鄉，中國烏鎮。

這幾年我為了木心，去了好幾趟他的故鄉——中國浙江的烏鎮，烏鎮有分成東柵跟西柵，木心故居在東柵，修復了他以前住的家；木心美術館是在西柵，這裡收存了木心的繪畫和手稿，這是他畢生心血所留下的美學遺產。木心先生曾以「風啊、水啊，一頂橋」這句話，高度概括並預見這座美術館與周邊故鄉的景致，在極簡風格的設計中，讓人走向精神朝聖之路。重點是，這個美術館每年都會出版一本各界談木心的紀念專刊，我為什麼專程去那裡，就是為了這個專刊！主持木心美術館的是一位陳丹青先生，他太厲害了，他在美國偶然認識木心之後，他們很談得來，成為忘年之交，所以有一陣子木心就幫他們一群人上課，講文學史，陳丹青後來有把他們上文學史的筆記整理出來出版，在臺灣就是印刻出的《文學回憶錄》。他們也有幫木心拍紀錄片，也很好看。

問：談談「電影」、「走路」和「建築」，這三個不同領域的推薦書籍？

答：電影這塊，我選的是小津安二郎的文集《我是賣豆腐的，所以我只做豆腐。小津安二郎人生散文》。小津當然是像我這樣愛看電影的人，非常容易著迷的一位導演，他的作品，我是可以反反覆覆地看的，關於小津的研究當然也非常多，包括《小津安二郎的餐桌》也是。但是在臺灣，《我是賣豆腐的，所以我只做豆腐。》這本書，是唯一一本由小津自己寫的文集，等於是珍貴的第一手資料。我作為影迷，非常喜歡看導演寫他們自己的日常，他的所思、所想，拍片的細節，以及成為導演的歷程等等，而這本書尤其特別。

它的內容分為五輯，第一輯「我的導演之路」、第二輯「電影沒有文法」、第三輯「在戰地思考電影」、第四輯「寄自戰地的信件」、第五輯「活在對電影的愛情中」。第一、二輯講的是他的影像手法和電影美學，我特別印象深刻的就是〈性格與表情〉這篇，小津說，他不要演員有太多的「表演」，而希望演員能夠去掌握角色的性格，掌握之後，角色的情感起伏，會很自然地從內而外流露出來。他寫：「性格是什麼？就是『人』，人的味道沒有出來就不行。我認為這是所有藝術的宿命。即使感情出來了，人味沒有出來就不行。表情做到百分之百，性格表現就無法發揮。極端地說，表情會妨礙性格表現。」這完全說中我們看小津電影的樂趣！在他所拍攝的電影裡，沒有戲劇性的安排，只有非常日常的場景：吃飯、閒話、家人之間的互動、與街坊鄰居的談話、友情——而這裡頭的生活氣息、生活態度，以及人味，就是最吸引我們的地方。

然後是第三、四輯，我是看了這本書才第一次知道，小津曾經在中日八年抗戰時——日本他們自己叫做「日中戰爭」——隨著軍隊被派遣到中國作戰兩年多，以軍人的身分，去到了湖北、南京、江西、漢口等地方，而且從他的信件和札記來看，他所屬的部隊是很靠近戰爭前線的，他面對的是真正的戰場，要踏著屍體前進的，也曾經歷有深厚情感的朋友戰死中國等等。那，小津他是怎麼樣去觀看跟思考戰地的呢？他在給朋友的信裡面這樣寫：「我一直沒有中彈，要是中彈鐵定受不了。此刻，定遠城外晴空萬里，柳樹抽芽，河水湯湯，油菜花盛開。一望無際的平原，遠處浮著白雲。……」你看，他居然是這麼地淡漠、抽離，像是半出神一樣的在描寫他所在的戰地！這種關於景象的描寫還有很多。然而，對我這個讀中文系的人來說，非常分裂：他所描寫的，就是我們在古典詩詞裡頭讀到的江南；同時，他的文字和敘述，又與我們所熟悉的「抗戰」、「民族情緒」、以及日本對中國的侵略史，相距是那麼的遠。再加上，他曾在戰爭中有這些體驗，卻又說他不拍戰爭片，種種的矛盾、謎題，這個閱讀經驗就讓我覺得很迷離、很特別了。現在大家講小津，最喜歡講兩句話：「我是賣豆腐的，所以我只做豆腐」，還有「電影和人生，都是以餘味定輸贏。」這是大家都會講的。可是他和戰爭的這一面，雖然不一定能透過這個去解讀他的電影，但是看了之後再回頭看小津的電影，有一種更夠味的感覺：小津的日常，小津的寧靜空無，藉由電影中的人物，對命運的劫毀報以沉默，順天應命……更豐富了我們對這個導演整個生命的深度跟厚度的理解。

然後是「走路」，這個領域裡面，我要推薦《走路，也是一種哲學》。可能跟個性也有關係，我不太從事運動，但是從高中到現在都非常愛「走路」，非常喜歡漫遊在城市裡，用身體去貼近一個地方，透過走訪和記憶，在自己的腦中去建構一個地方誌，然後，街區或地貌的改變又會與自己不同年歲時的記憶連結在一起，就好像城市的過往和未來，和自己的歷史、移動、靈魂、思考有了連結。《走路，也是一種哲學》這一本書，用散文的文筆來爬梳或整理了「走路」的哲學和美學，例如他講尼采的時候，回到「走路」最基本的定義：人使用雙腳來移動，透過這種身體的運動展開思考或啟蒙；或者講詩人韓波，講他走路時的經驗跟情感運作，他的身體跟他所在的城市之間的對話，他們所展現出來的思維跟深度很吸引我，而我的身體又剛好呼應著這樣的節奏、方位或感覺。

提到走路，就很難不提班雅明和漫遊，但是班雅明的時代太特別，我們再怎麼樣走，都是小

吳俞萱、周夢蝶，是與美桂老師緣分深厚的兩位作家。「電影」、「走路」與「建築」，則是近幾年來持續閱讀、實踐的領域。

街、小巷、小日子，而班雅明時代的漫遊者就不只是這樣了，那不僅僅是記憶的深刻而已，他們的漫遊是精神性的，還跟人的存在、結構有所對應。我的走路還不是漫遊的層次，還是比較身體性的、實體性的在這個城市裡的摩娑、採擷、聆聽、印象，看城市地景邊緣，角落的新舊交錯，懷古與現代的轉化與連結，這是我生活當中投入蠻多的時間、娛樂和興趣的地方。

最後是建築，我想推薦的是王澍的《造房子》，用這本書來代表我現在對「建築」的熱愛。我對建築感到極大的興趣，是近七、八年的事，之前在敏隆講堂聽過阮慶岳老師、王增榮老師講建築的課，也在YWCA（臺北基督教女青年會）上過陳冠華老師的課，現在大部分是跟著王增榮老師。去年（二〇一八）暑假，我第一次跟隨王增榮老師所帶領的建築旅行團，就是到中國，去看王澍的象山美院（中國美術學院象山院區），如何把一張典型的山水立軸繪畫，做成一個房子，受到非常大的震撼；之後，又去日本東北，看安藤忠雄、伊東豊雄、妹島和世、西澤立衛這些人的建築；今年（二〇一九）二月，我第三次跟隨王老師的建築旅行團，這次是去印度和孟加拉，看柯比意和路易斯．康，那些建築都有神性的存在，一半取法自然，一半人為創造，背後彷彿有上帝的指紋與線條。三趟旅行下來，覺得越來越受到「建築」這種藝術的吸引，旅行回來，都會上影音平臺，看建築師們的紀錄影片或相關演講，也不斷閱讀建築書籍。有幾間重要的書店，例如臺北的田園城市風格書店，都有豐富的建築相關書籍，能滿足我自學的渴望。

王澍這本《造房子》，推薦者是阮慶岳老師和房慧真，我當然一下子就被吸引了。王澍是二〇一二年普立茲克獎的得獎建築師，他的建築美學完全是中國的，他對書法、繪畫、亭臺樓閣非常地嫻熟，但他在建築中的實踐，是把中國古典美學裡面的古意和傳統提煉出來，以現代性的建築語言去展現，走進他的建築就好像走入繪畫語言一般。王澍使用非常多中國的自然素材，包括磚、瓦、木構、竹子，建築喜歡講所謂「風生水起」：風是怎麼吹來的？光是怎麼進到建築裡面來的？一般建築物要引進風和光，通常就是透過門、窗、玻璃，但王澍不是，他引進風和光的方式，會讓你宛如走在自然之中。看了《造房子》，又親身到了象山美院，讓我真的感覺看到建築哲學的層次，有一種大大被震撼的感覺，就很心儀這個建築師。

我覺得，建築是一種非常特殊的藝術，它是文明的具象，是人與自然之間的辯證、思考和對話，而這些辯證跟對話，你透過觀看這個巨大的藝術作品，可以感受到，走進那個建築空間之中，也能夠感受到；尤其是身在建築物內部，真的會很有感覺，感受得到建築作為一種人類藝術成就的豐富性。經過這樣巨大的衝擊，然後回過頭來，閱讀這些建築大師們的寫作、發言，他們對建築的理念、對結構的思考，在均衡與對稱，空間的虛與實之間，我都覺得，他們根本就是哲學家或思想家了。這是我最近最著迷跟投入的事情。尤其我本來就喜歡走路，現在，走在路上，更會去觀看建築的樣貌、建築跟周遭環境的關係，以前看到比較古老、古典的建築，只能夠去感受那種歷史的氛圍，但是現在我看過了現代的建築，認識了一些建築的概念，再回去看古典建築的時候，它對我產生的意義，又完全不一樣，變得更深厚了。

問：總結一下最近這十年的閱讀狀態？以及，閱讀對您而言的意義是什麼？

答：過去的話，書本，當然還包括廣播、電影，就是我對遠方或是世界的觸角。我第一次出國的時候已經四十二歲啦，在那之前，如果說我是一個閱歷還算廣的人的話，都是因為我可以透過閱讀來想像世界。最近這十年，看書的時間跟看電影的時間，應該是一半一半。好多電影導演都值得一個一個去讀——柏格曼啦、黑澤明啦、小津安二郎啦、塔可夫斯基啦、是枝裕和啦，看完他們的電影，馬上會想回頭找他們的訪談、他們的紀錄片，迫切想了解他們每一部電影的背後、想了解他們心中的世界，關於政治、社會與哲學論調、詩意的對白——這就又會回到文字的閱讀上。近七、八年來我很著迷的建築也是，一方面，會找建築師們的著作、訪談等等來看，另一方面，有機會的話就到實地去走訪。我本來是純文字閱讀的人，但是這幾年在時間、金錢上比較寬裕了，就有能力去往外延伸，擴展這些不同方面的視野。

至於閱讀對我的意義……這樣說好了，我是一個人類，在我前頭，人類的前行者們所遺留下來的思想、情感、各方面的精華，還有他們的溫度、靈性、以及思維上的活絡，一直透過「閱讀」傳遞下來，所以閱讀對我而言不是工具，是一個古老而神聖的傳遞方式，它是一個通路，通路所傳遞的信號、訊息的背後，都是文明或文化，或是心靈的燃點或引爆，剛好用文字的顆粒去排列而成。我被包含在這個通路當中，而這個通路也在我的身體或我的腦中，我能夠接收這些訊息，或者成為其中的一部分，就真的好像是一種天賜的寵眷，是一件很自豪、很喜悅、很幸福的事情。

閱讀，作為一種人生裝備

——專訪怪貓（許雅芬）

採訪、撰文／陳安弦　人像攝影／李偉麟

姓名：怪貓（許雅芬）
出生年：一九七一年
出生地：屏東
現居地：新北市永和
從小到大是否跨城市搬遷過居所？是
每月用於購書的金額約：1000元

THE ADVENTURES
SINCE

前言

在我心中，「怪貓」是一位神祕的熟客。第一次遇見她，是二〇一七年八月，在晚上十點，書店即將打烊的時刻，她匆匆現身，神色疲憊但笑容滿面，親切地和初次見面的我打招呼。那次她買的是艾蜜莉．狄金森的詩選《我居住在可能裡》，同事和她聊起她在宜蘭的農地以及當季菜蔬，她侃侃而談，自信而幽默的樣子，在我心中留下特殊的印象。於是，之後幾次，我觀察著她在書店裡遊走，發現她的閱讀興趣既多且雜，好似保有著某種生物多樣性似的：讀詩集，也喜歡食譜；社會運動與農業相關的著作特別容易引起她的注目，也買了不少純文學作品。重點是，她挑書極快速準確，往往翻一、二頁，便可以決定要不要將書帶走，有時她向同行的友人介紹書籍，講得比店員還要精彩。

之後我才知道，怪貓就是飲料店「樂屋」的主人。「樂屋」位於文化路上，是附近太太、媽媽們群聚聊天的據點，也是（相當挑嘴的）沙貓經常造訪喝咖啡的地方。不過，「目前正在改裝中，不知道會變成什麼樣子呢！」同事這樣說。

二〇一七年十月，完成了改裝的「樂屋好食」，展開了試營運。漸漸地，「樂屋好食」成了小小熟客之間口耳相傳的愛店：木質裝潢為主的店面樸實、可愛而舒適，好喝的咖啡和飲料依舊，怪貓現場烹調的美味餐點大受好評，店裡還有小農產品可買。作為小小的店員，我們也越來越習慣在客人詢問「文化路上有什麼好吃的？」的時候，推薦他們到怪貓的店裡去碰碰運氣——也許還剩下最後一份餐喔！

當時，怪貓在「樂屋好食」的臉書粉專如此寫道：

「先講講樂屋好食未來的理念，然後有空的時候，經過樂屋的朋友，可以稍稍觀察一下，樂屋的空間是否傳遞出這些訊息：

・慢慢生活，好好吃飯，把日子過好。
・共享：生活資源與資訊共享。
・不消耗資源、不以擴張為目的，做能力範圍內的事。
・連結產地到餐桌，提供平安健康但美味的飲食，也成為友善小農的都會窗口。
・最重要的是，不塑、減塑，盡可能的資源再利用，而不是一直消耗新品。」

經營小農產品、使用小農食材所會遭遇的挑戰與困難，是一般消費者比較能夠理解的。但實際上，「不塑、減塑」，才是餐飲業者的「不可能的任務」——尤其是飲料店，每日所消耗的塑料垃圾量之多，遠遠超出大家的想像。從飲料店「樂屋」，到期望不消耗資源、友善環境的「樂屋好食」，我不禁想知道，如此巨大的變化是如何發生的？這背後，有什麼樣的思考在支撐？身為一位閱讀者，閱讀在這之中占有什麼樣的位置或角色？

訪談之後，我才發現從飲料店「樂屋」到「樂屋好食」，並非怪貓人生中唯一一次重大轉折：她是理工科系出身，在零相關經驗的情況下考入漢聲出版社，成為一位基本功紮實的編輯，從事編輯工作近十年，三十五歲之後才轉戰餐飲業，之後輾轉接觸農業，才有了現今的「半農半廚」生活。

我擅自揣測，如果人在世界上，都被賦予了既定的任務，那麼怪貓的任務，必定是「生產」——不管生成的是書本、吃食還是農作物。而在這條耗費大量氣力的路上，閱讀似是怪貓不可或缺的人生裝備——是一盞頭燈，照散迷霧，以持續找尋方向；是一捆繩結，確保在每個危崖，不致墜落；是一副盔甲，以強健心靈，抵擋外界碾壓；是一把鋤頭，用以掘除雜念、深耕土地。眾多裝備穿戴上身，我想，即使任務艱難、路途遙遠，心也會覺得踏實吧。

訪談

問：有記憶開始「閱讀」這件事情大概是什麼年紀？讀些什麼？

答：最早的閱讀應該是在我兩、三歲就開始，可能是在外婆家找到表哥的一些漫畫，但是我不太記得看的是什麼，就是看圖而已；也會看爸爸的書，主要是圖鑑類。幼稚園時期，最有印象的是《十萬個為什麼》，它是科學類的東西，也是漫畫的形式。

小一、小二時家裡就開始讓我看《國語日報》，他們本來覺得我應該會讀不懂，但是那時候閱讀能力好像還可以。

其實屏東可以取得的兒童讀物不那麼多，我大部分的讀物都是在書展的時候看到的，不是校園書展喔！是過年的時候才有的，通常會在國小的大禮堂裡擺一些大桌子，上面再放各家的書。現在我還記得的有《成語故事365》，比較有印象的出版社是地球出版社。這是我們鄉下小孩的記憶啦！因為這個書展都辦在過年的時候，所以就會變成消耗壓歲錢的去處，大人不希望你壓歲錢都拿去買吃的或買零食嘛，就會帶你去買書，而且那些都是很特價的特價書，圖畫書啦、厚的精裝書三本一百那種。

問：家中成員是否有閱讀習慣，是否支持您閱讀？

答：其實我父母不太有閱讀習慣，我媽媽只有小學畢業，比較是生意人的性格，我爸爸是農家子弟，屏東農專畢業之後，先是當了一陣子獸醫，後來又去了農耕隊，最後到中油工作。我覺得我的個性有一大部分是承襲自我爸爸，對於探索世界各地很感興趣，尤其喜歡生物和生態。

我爸爸一直都有訂《讀者文摘》。《讀者文摘》除了雜誌之外，經常會送一些書給訂閱戶，有些是像剛剛說的，圖鑑類的精裝書，書名可能會叫做「動物奇觀」什麼的。然後，有一本叫做《間諜與祕密：二次大戰內幕》，我印象中，這本書從我識字之後一直都在，一直放在我家客廳桌子底下，我沒事就會拿出來看，一看就看得很入迷、都不理人。我爸到我小學六年級的時候終於受不了了，他問我，「那本書到底有什麼好看？你為什麼一直炒冷飯？」哈哈哈哈。

這本《間諜與祕密》不知道我爸現在還有沒有留著？我都覺得應該要把它當作絕版珍藏。它裡面是抗戰時期、世界大戰時期的各種祕辛，例如會講戴笠跟杜月笙這種特務頭子的故事，講他們怎麼去刑求，把腳綁起來在下面疊磚塊；或者是長江幾號怎樣怎樣……這種故事很刺激啊！它就像戰爭片或軍事片一樣，有劇情，有故事，有偶像，也有英雄。我本身很愛看這樣的劇情跟情節，甚至我跟我弟偶爾也會演一演，比如說誰被抓去、誰去救誰。當然後來大概知道事實不一定是那樣，也幸好我沒有覺得這本書是我的典範，或者對我的人生好惡或政治傾向產生什麼影響，只是說那裡面那種冒險犯難的情節對我有很大的吸引。

問：這樣聽起來，是父親對您的閱讀習慣影響更大？

答：嗯，我覺得我爸雖然自己本身沒有那麼多閱讀，但他對我的教育算是很在意，而且他在意的不是針對我的升學路。我們家那個學區屬於屏東民和國小，也是公立的學校，但是我要上小學的時候，我爸特地把家搬到屏東師專附小（今國立屏東大學附設實驗國民小學）的那個學區，就是為了讓我跟我弟都讀那所學校。屏東師專附小是一個不以升學為目的、在教學上面比較開放的學校，很實驗性，老師不會去填鴨學生，比較傾向讓我們去思考、自由發揮。比如說，我的童年不用寫自修或參考書，也從來沒有很多的功課，只要把課本裡面的作業寫完就可以，所以我大部分的時候都在外面「野」，這是我感謝我爸的地方，因為小孩子的童年也就只有這麼一次嘛！

這個學校還有其他很厲害的地方。你知道那個年代，大家考試通常就考填空題或選擇題，但是我們屏東師專附小的社會科考題，叫做「整合分析綜合測驗題」——那其實就是四題申論題。出這種題目難是難在，老師改考卷的時候，必須去理解學生在想什麼、對事情的吸收到哪裡，來評估有沒有達成教學目標，而不是看學生填進去的東西對不對、成績有沒有到達標準，這個連現在的老師都還不一定做得到。所以我那時候就覺得這個學校對我而言很重要，讓我在思考跟智性的學習上，保持一定程度的自由。我很感謝我爸爸給我提供了一個這樣的學習環境，雖然不能說是全人教育，但是已經大大有別於當時其他的小學。

問：這個階段的讀物來源主要是？

答：屏東可以購書的地方很少，除了剛剛講的書展以外，只有一間叫屏東大書城的，在屏東銀行那邊，現在已經變成彩券行。屏東大書城也兼賣文具，書呢，其實跟書展賣的差不多；誠品則是到我已經畢業離開家N多～年以後，才在屏東公園路與中正路交界的太平洋SOGO（今太平洋百貨）的樓上開起來，所以在屏東想要看書，最大的取得途徑都是圖書館。

屏東師專附小就有一個很好的圖書館，就在學校裡面那個天文臺的下面。我們家附近其實也有很多圖書館，比如說中正圖書館，可是我覺得屏東師專附小的圖書館是最舒適的地方，那裡要脫鞋子才能進去，地上是柔軟的地毯，你可以窩著看書，而且藏書非常多，像《中國童話故事》我就是在那裡看的，那是一整套大的精裝書，在我們那個年代，家長不那麼有財力，其實不會花那麼大的預算在買兒童讀物上面，所以學校圖書館給我很大的幫助，東方出版社的《亞森．羅蘋》全集我也是在那邊看完的。而且它的藏書不是只有兒童讀物，即使年紀增長，我還是可以在那裡找到很多不同的書，像金庸的小說我也是在那裡看到的。

青少年的時候，就比較會去中正圖書館。我記得快考高中聯考的那段時間，我在那邊把所有的倪匡都借了，倪匡很多耶！一百多集！幸好可以用借的，不然就得用租的啊！

現在講起來好像我看得很雜、很不正經，可是在我們那個有限的閱讀環境裡面，這些書還是開啟了不同的視野跟想像，尤其是對於科學的。所以我後來念的是理工組，這當然跟我爸是獸醫有關係，但這些讀物也有或多或少的影響。

在我國中畢業、考上雄女，離家到高雄上學之前，我的閱讀狀態差不多就都是這樣。

問：上了雄女以後，閱讀的方向有所改變嗎？

答：繼續看小說，哈哈。而且，我從小就有一種不喜歡照規矩來的個性，我後來知道我爸也是這樣，所以就覺得沒有關係啊，反正就是像我爸。

讀雄女時我看了很多中國的經典文學，比如說《水滸傳》啊、《紅樓夢》啊、《西遊記》啊什麼的，比較文言文的，西洋經典幾乎都要到大學時代才讀到。後來我在漢聲出版社（以下簡稱漢聲）當了編輯之後就發現，我自己的寫作和文字受這個階段的影響好像很深，沒有辦法自然地寫出白話文、會很習慣使用成語——可能小時候喜歡看成語故事也有影響啦！在漢聲時就經常被說「你不可以用四個字寫，你要用一句話寫出來。」要我慢慢練習用淺白、讀者可以理解的方式來表達我的意念。

不過，在雄女的時候課業壓力比較大，所以我大部分的時間都在念書、打球跟談戀愛，去雄女的圖書館都是為了搶念書的位置，或者只是去找大英百科全書這類的工具書。我猜我當時在雄女圖書館的借閱率可能還不如國軍英雄館的小圖書館，至少在國軍英雄館看小說時有冷氣可以吹，哈哈。

問：大學時代閱讀轉折的契機？

答：我是念中原大學的醫學工程系。其實我本來要重考考獸醫的，因為我爸就是獸醫呀！但是他當然反對，差一點父女決裂，以前當獸醫是很辛苦的事情，薪水不穩定，工作環境又差，所以我爸才到中油去工作。我爸就跟我拍桌，說「你知道獸醫有多辛苦嗎？要被豬咬！」他還說，我出生時，他剛好在幫豬結紮的時候滑了一跤摔斷手……反正他就覺得，獸醫是很辛苦的，女孩子不可以，什麼什麼的。總之後來我就去念了醫工系，心裡想著，至少念醫工可以接觸到生物領域，還跟獸醫有那麼一點點的關係。

醫工系的女生非常少，我們班只有五個女生，隔壁班也只有五個女生，加起來我們這屆一百個人裡面只有十個女生，這還是多的！下一屆更少。大二的時候，有一個男生插大考進來我們班，他跟我比較聊得來。那時候我覺得，普遍男生都沒有什麼深度，都是哥兒們，都可以跟他們好好相處，但沒有辦法聊比較深入的東西，但是那個插大的男生比較不一樣，他是有思考的，聊一聊就會覺得他好像想得很多。後來他去參加一個「大陸問題研究社」舉辦的讀書會，問我要不要一起去，我就去參加了。

「大陸問題研究社」是一個掛羊頭賣狗肉的地方，聽起來好像很統派，但讀的都是黨外思想的書。這個社團很小，讀書會大概才六、七個人參加吧？那是一個啟蒙我的很重要的地方，打開了完全不一樣的新視野。

我小時候是黨內，就是，我不是很喜歡看像《間諜與祕密》那種有的沒的嗎？就很當真。但是，進入大陸問題研究社之後，接受這些完全是非黨國思想教育系統裡面的讀物，卻變成是好自然的事。

那時候我們看的其中一本書，是《興盛與危機》，作者是金觀濤跟劉青峰，出版社好像叫做風雲時代，那本書講的是中國科層制度的量變與質變，他用工程數學去描述中國社會的演變，然後建立了一個模型，叫做超穩定結構。超穩定結構的意思是說，你看中國的整個群體這麼大，但是不管再怎麼改朝換代，它都在一個固定的曲線上，從革命、穩定、漸漸興盛、然後走到沒落，那有什麼變因會導致革命？科層制度的發生又會對這整個社會結構造成什麼影響？我一開始還會想：「為什麼我要讀中國的東西？」但後來就發現說，其實觀察中國的狀態對臺灣是很重要的，當然讀書會裡面也會議論一下臺灣的政治狀態。

那時候雖然社會比較開放，髮禁也解除了，可是這些聲音還是不容易被聽到的，我從大二起，就跟著這個讀書會讀書，開始去接觸其他在我的生長環境裡面，通常沒有人會去談論的東西，包括左派思想、社會運動，以及對我來說很重要的，性別面向的議題。

問：性別領域的閱讀是如何開展的？通常是從哪些管道取得的呢？

答：我自己是高中時先喜歡上女生的，大學時因為對自己的同志身分開始有了一些理解與認同，就陸續找了一些相關類型的書來看，像《孽子》就是在這時候看的，但可能因為它描寫的是男同志吧，所以沒有產生太大的共鳴。

那時候我有一個好友在讀臺大，我只要去公館那邊找他，就會去唐山、結構群、女書店這些地方逛，去結構群多半是買些左派書籍，唐山當時也已經可以看到一些同志刊物，但是女書店對我來說還是很重要而且特殊的。我已經不記得是在什麼時期踏入女書店的了，它幾乎沒有什麼改變，一樣是在二樓，一個長長的樓梯這樣上去。店裡很安靜，站櫃檯的人很友善，一開始進去會害怕，但是慢慢地，女書店就變成是我買書的祕密基地，在那裡看到的書，在大書店或者唐山不見得找不到，但可能不必那麼用力地找，就會許多有我喜歡的、性別類型的書或者是各種小說，像是吳爾芙和陳雪，我就是在女書店看的。

逛女書店、閱讀性別相關讀物的習慣，直到我大學畢業好幾年、在漢聲出版社工作期間都一直延續著。我大學畢業是一九九三年，正是臺灣性別運動、同志運動和同志議題興起的時期，《女朋友》雜誌、《愛福好自在報》、《島嶼邊緣》，都是當時必追的刊物，《誠品閱讀》雜誌也曾經出過同志專題。《鱷魚手記》出版是一九九四年，那時我去參加了一個女同志團體在女書店辦的《鱷魚手記》讀書會，後來還因緣際會地成為這個女同志團體的義工。

《女朋友》、《愛福好自在報》，是當時重要的同志運動刊物。攝影：吳欣瑋。

問：大學您是從醫工系畢業，但後來怎麼會去出版社工作？

答：我覺得自己其實並沒有真正進入醫學工程這個領域裡面。醫學工程在國外大部分是研究所的科系，提供給電子、電機或者是醫學院畢業的人之後再去往這方面發展，在臺灣卻變成大學科系，說廣不廣說精不精，所以很多人一進去以後不知道自己要幹嘛。那時候系上都會舉辦系友訪問，去看一下就會發現，這些系友百分之八十是在醫療器材公司當業務員，我對於行銷沒有那麼大的興趣。

所以，我畢業以後第一個工作是在臺大醫院的小兒科當研究助理，幫忙做一些動物實驗，那個工作基本上給了我一個收入、上下班都穩定的環境，讓我可以好好思考未來到底要幹嘛。

我在臺大醫院當研究助理三年，剛進去的時候還會想要當獸醫，還自己找了一些資料繼續念，可是念到一個程度就覺得，我再也不能念書了，我覺得好累！我讀不下去了！就沒有繼續，空閒的時間就變得很多，可以看很多書、跑影展啊幹嘛的。以前金馬影展搶票真是很可怕的事情！那時候我已經住在永和，在中興街那邊租房子，金馬開賣前一天晚上就要到永和路二段的金石堂（已搬遷）去排隊。

後來剛好看到漢聲出版社在徵人，而我那時候的室友，其實是我高中第一個女朋友，她是尖端出版社的漫畫編輯，平常我也會幫她做校對，她就鼓勵我去考。那時候他們徵的是自然科學編輯，要編的是英國DK出版社授權的科學博物館系列，圖鑑類的，考試就考翻譯、校對，還有編輯的修潤稿，然後我考過了第一關，面談又過了第二關，最後還真的給我考上了。這是我人生轉彎的一個地方。

問：談談漢聲時期，以及這段時期的閱讀狀態？

答：漢聲的編輯訓練是現在臺灣這個出版環境裡面沒有的，所以漢聲人都會有一個驕傲就是，我們即便本來不是編輯專業，但是進去以後是被很紮實地訓練出來的。漢聲出版社對書的品質要求是非常高的，在漢聲，可能會用一個團隊、五個編輯，用盡全力去做一本書，做個三年，總編Linda（吳美雲）說通過才通過。雖然這三年可能會花掉三百萬、五百萬，但是漢聲以封閉通路的模式和強大的行銷群，來支應這樣龐大的成本，支撐優秀的團隊和他們對書的嚴格要求。

在漢聲做編輯是一個很大的熬煉，鐵杵磨成繡花針的那種。我們剛進去的時候，光校對就校對很久，但在校對的過程中，我的整個對文字的sense、對書的sense不知不覺就產生了；然後每一個禮拜都有修文會議，修文會議就是大家一起看各自負責的書，去看你這個稿子為什麼要這樣子修、覺得改成怎麼樣比較好……我覺得很可怕啊！你心裡會知道大家不是在論斷你的文字、在否定你，而是在追求更好的翻譯或文字上的共識，但人性的部分還是會痛啊！

那時候要跟Linda定稿也是件可怕的事，她定稿不是看稿子——她不看，你唸給她聽，她聽了覺得聽不懂，就表示你這個東西不對！而且其實也不是我們去定稿，是我們的主編去定，哈哈，我們只是小編輯，但是我們會在旁邊，有問題她也會問，很大陣仗，我們都對她又敬又畏。

說起來我們那個時候就只有做校對和修文而已，但那個過程中會進步。我從一個完全非編輯專業，到出來以後，我可以規劃一系列的書，都是在漢聲奠定下來的基礎。

另外，雖然和閱讀沒有直接關係，但是在漢聲時期，還發生了一件影響我一生的事：由於同事的引介，我開始上教會、閱讀《聖經》，並且受洗成為基督徒。

講回到閱讀上面的話，就像剛剛說的，這個時期我對性別、社會議題、同運的涉獵是一直延續的，還有也會去跑劇場，例如說《陰道獨語》，但我看的東西變得更雜了，現在的文青們會看的各種書應該都有看，除此之外，還要加上漢聲工作上所需要的取材。

我有一個毛病：我沒有興趣的東西我就不愛，沒有精神回饋的工作我會沒有辦法做，你知道，出版剛好就是一個低收入高精神回饋的工作嘛，所以我自己對工作品質的要求很高，但也因為這樣，我在漢聲的後期，開始變得沒有辦法在下班以後看書、沒有辦法閱讀，因為上班已經看很多，下班以後就沒有辦法看課外讀物了；也會開始出現「看山不是山」的問題，看進去的每一本書我都在想，這編輯當初怎麼生成這些東西的？架構是怎麼架的？腦袋一直在重組資料、在學習，沒有辦法像國中或高中的時候那樣，好好地享受看一百遍也不會膩的那種樂趣。

其實那個時候就是累了，開始覺得做的事情過於瑣碎，會累到修文修一修坐著就開始打瞌睡。剛好有一個漢聲的前輩要去做黑面琵鷺的專題，他就帶著我去，讓我有機會往外發展，然後離開漢聲，這樣子。

問：離開漢聲之後，還繼續做編輯嗎？

答：對，在張老師文化、野人都待過一陣子，最後去到大地地理，在大地接手策劃「認識臺灣系列」的出版。

認識臺灣系列的第一本叫做《上天下地看家園》，用齊柏林的空拍圖做基礎去認識臺灣；從第二本《穿越時空看家園》開始就都是我規劃的，總共有十三本，和一位叫做王其鈞的中國畫家合作，從切題、設定、採訪、文字、發圖、發插畫，全部的內容都是我們自己做的。

怪貓在漢聲出版社時期參與編輯、製作的「科學博物館系列」，影響了後來她負責規劃的「認識臺灣系列」。攝影：吳欣瑋。

《穿越時空看家園》是我的經典之作，那時候臺灣文史題材比較少人做，或者說，比較少人可以做得那麼完整。它有點像我在漢聲做的，目擊者叢書的科學博物館系列，是以視覺引導閱讀的方式來做，可能一頁就是一個單元，會有一張主圖、一百字左右的說明跟box，我泡在漢聲三年，這個東西結構和形成的方式都內化了，所以《穿越時空看家園》和之後的《看！我們的國家公園》、《台灣的生命禮俗》這些書都是用這個方式生成的。

不知道你有沒有印象，三、四年前我要搬家的時候，沙貓跟小明（小小書房店員）、小魚（小小書房前任店員）她們幫了我一個很大的忙：幫忙把我編輯生涯累積下來的一百箱書，從五樓搬到一樓，再帶到小小去，你們現在賣的二手書裡面，應該還有很大一部分是我那時候捐出來的。

這一百箱是怎麼來的呢？其實就是因為我做書，要消化很多的文史資料，再重新寫出來，所以會非常大量的取材、收集，那時候很常在公館的南天書局、台灣e店找書，還有很多臺灣史、原住民族史的第一手資料，是來自臺北市政府或其他地方政府的文獻，那時候請沙貓過去幫忙斷捨離的時候，我就想說，其實我已經進入完全不同的領域，這些原始資料應該要留給更有需要的人，所以就全部捐出去。

問：曾經如此投入編輯工作，為什麼後來會想要轉換跑道，改做餐飲呢？

答：做到「認識臺灣系列」後面幾本的時候，臺灣的出版環境炒短線的情況已經越來越嚴重。我從離開漢聲就知道，並不是所有老闆都有辦法像Linda這樣子砸錢在品質上，這件事情本身就是一個挫折；更糟糕的是，當老闆不願意在時間或金錢上面投資，為了把東西生出來，你就要拿命去換，一天可能會有二十個小時都坐在電腦前面，每天進展越來越緩慢、睡跟醒的時間會越來越晚……然後有一天，我突然覺得，沒辦法想像自己四十五歲的時候還在過這樣的日子，慢慢想要退開。

然後就是我人生的另外一個轉折了。我在一九九五年受洗成為基督徒，在那之後，我的人生轉折點上都會有一些奇妙的幫助，就好像我莫名其妙考上漢聲，當我開始覺得我沒有辦法在這個領域繼續下去的時候，通常都會剛好出現一些機會，從信仰的角度來看，那些機會就是上帝的恩典。

這次呢，是我看到臺北職業訓練局開的餐飲訓練課。我報名了，報上之後他說要筆試，我根本不知道要考什麼，但是就在考試前一天，在網路上亂逛看到一份稻江高職餐飲科的考題，就看了一下，結果隔天都出，然後，就考上了。兩百多個人，好像只錄取三十個，重點是，我其他的同學都是餐飲專科只有我不是（笑）。

這門課很厲害，他星期一到五上課，一堂課三個小時，上三個月，中餐、西餐、日式料理、烘焙、調酒跟餐飲管理，什麼都教，而且是各個領域很厲害的老師來教，學費總共才三千塊。上完之後我也去考了一些證照，取得了我餐飲專業上面的裝備。取得裝備之後，我就想，實戰的經驗我也要有。我那時候已經三十五歲了，咖啡廳基本上又是年輕男子的天下，但是我在古亭那邊應徵的時候遇到我師父，她說，其實以你現在這樣的年紀很難找到咖啡廳的工作，不過你肯學，我就願意教你。一個月以後，我可以自己開場、站吧檯，慢慢走到餐飲這邊。就在實戰經驗也裝備好的時候，剛好文化路這邊有一家叫「生活咖啡小站」的飲料店要頂讓，我就頂了下來，開了「樂屋」。

問：從出版業轉換到餐飲業，兩者之間最大的差異是？

答：我們那時候出版一本書要看到市場的反應，進書、退書，來來去去大概三個月可以定論吧，餐飲三天：你這個品項推出去，好或不好，不要說三天，一天啦，一天就知道了，客人如果跟你說：「老闆我要你昨天做給我的『那個』！」那它就對了。

問：接手、開樂屋，到改裝成現在的「樂屋好食」，中間過了多久？

答：十一年吧，以前在出版社的同事哪有一個會相信許雅芬可以在一個地方待十一年！在樂屋的第四到第五年之間，摸清楚市場狀況之後有做第一次的改裝，做了一些空間和視覺上的改變；再來就是這一次，是因為現在我想要做的東西清楚了：包括空間感、想要跟客人對話的方式、工作的節奏，都跟以前不一樣了，尤其是餐飲業那種高耗能、大量製造垃圾的作法，我受不了，一定要改掉。

我頂下樂屋的時候，這條街從街頭到街尾，總共有十四家飲料店。那是一個很淺碟的消費市場，只要你附近新開一家，就會有消費者去嚐鮮，就一定會造成你業績上面的波動，啊你就「挫咧等」，嘴巴上說不怕，心裡還是會焦慮，長期下來心很累，因為這不是一個踏實安心的基礎，而是一直在消耗。但是，什麼樣的客群才會是踏實穩固而且忠誠的？

四年前我開始從農的時候，就在思考樂屋未來的走向跟出路，那是我人生的第三個轉折。當時臺灣爆發的許多食安問題，讓我感到不安。同時，我在樂屋的經營上進入了另一個倦怠期，開始看到我的客人就討厭，覺得我的人生都綁在這裡，疲倦。雖然薄利多銷，但我一天的工時太長，我沒有辦法跟我的朋友互動，大部分的時間都綁在店裡。

某一天早上，我打開臉書，看到了宜蘭縣政府辦的夢想新農課程，當下就想，當農夫居然也有機會去上課！我就去報名，很幸運也就錄取了，這就是我進入農村的路。雖然那時候還不是種稻，只是學種菜，可是那個整個培訓過程非常完整，不只是實作方法，也讓我們知道臺灣農業的現況。快要結業的時候，就跟一群夥伴開始耕種，於是，樂屋開始進入了農業時期（笑）。

這段期間，我透過福岡正信的《一根稻草的革命》、《無Ⅲ 實踐篇：自然農法》、《地球使用者的樸門設計手冊》、《明日的餐桌》、《土壤的救贖》、《好農業，是最好的醫生》這些書，慢慢開始吸收跟農業相關的知識，也持續在尋找，農業作為一個產業，它的形態應該長什麼樣子？小農，或者半農半Ｘ要怎麼存活？像樂屋這樣的小型社區商店，應該是什麼狀態？後來就對「樂屋好食」——樂屋的小農形態的成型方式有一些比較明確的想法。

我要的是可以被社區近用的店，奠基在食物的安全上，然後要用好吃來說服消費者，而不是說好難吃但因為有機或天然或養生所以你應該要吃。我想要做一個從產地到餐桌，把小農的好的食材引薦到都市的獨立餐廳。那，有什麼東西是小農做得到，規模化的大企業做不到的？多樣化！規模式經濟下出來的產品永遠都是單一的狀態，而多樣性讓小農的東西有趣味，客人會知道這些東西只有你才有，這樣就創造出了屬於樂屋的獨特的價值。從規模上來看，我很小，大農會看不起我，但是這樣的小店會活。然後是價格的調整，剛開樂屋的時候，我的志向是要做平價也可以很好喝的咖啡，但後來我後悔了，覺得自己把咖啡的價值做不見了，因為以量制價或薄利多銷的時代已經過去了，而且那樣的時代對臺灣來講，也是產業的消耗。

如果每個社區都可以有這樣的小店、這樣的消費形態，消費者就會重新去思考價值這件事。

問：這十一年間的閱讀與購書形態，跟出版業時期應該有相當大的差異？

答：完全不一樣，你就想那一百箱書吧，我前半生的薪水大概都花在書上面了，是看到書就買、看到書就買那種狀態，現在可能一個月差不多一千塊吧（笑），而且人到一個年紀以後會出現另外一個比較大的困境，就是閱讀能力下降，所以我會看很多的書，但是我沒有辦法持續看很久，專注力也沒有像以前那麼好，可能也跟沒有好的看書環境有關吧，很快就會停下來。

要說類別的話，社運、性別的閱讀還是在；然後多了農業和食譜類，像是《發酵聖經》、《自己釀》，還有像《小即是美》、《快時尚慢消費》這種講基本概念的，跟我的工作有關的書。

我的閱讀現在大概就是這樣。工具以外的書會引起我的興趣，通常是因為它的企劃很強。我記得有一次去小小，有兩本書放在一起，一本是《搶救笨蛋大作戰》，一本是《白痴有限公司》，《白痴有限公司》馬上吸引我，它的文字看起來像是很爛的翻譯，但其實是臺灣人寫的，而且是很俐落的；然後它的形式，乍看之下好像是散文，但是讀了之後，你會覺得他應該是在寫詩；它的內容，是那種一讀你會大叫「什麼東西啊！它有什麼意義啊！」但是隱藏了很多的trick，很多的趣味、創意和詩意在裡面。這種我就會覺得，企劃很厲害，很吸引我，就會買了。

而且，大概是在二〇一四年前後吧，我開始想要從農的時期，同時也是我決定以後什麼書都要跟小小買的時期（笑）。一方面是，我自己待過出版社，知道做一本好的書需要多少成本，所以我願意花更多的錢來買一本書；另一方面是我自己的私心，以前屏東是幾乎沒有書店的！現在在永和這個社區裡面，能夠有像小小這樣的書店，對我來說是很幸福的一件事情。

問：可以挑五本對您有意義的書推薦給我們，並且說出原因嗎？

答：第一本是《穿越時空看家園》，我們那時候對臺灣的古蹟做了很完整的資料蒐集，在書的架構上也做了很好的規劃，它是我作品跟人生的縮影，也是我對臺灣古蹟、文史的興趣，可以說，它是我生涯的代表作。

第二本是，《小即是美：M型社會的出路，拒絕貧窮》。小的概念其實來自於我們守住我們的本分，如果大家都追求大，大家都沒得大。這本是我在小小翻到的，看的時候我還不知道它其實是一本很經典的書，是一個念社會學的客人告訴我的，他說只看過原文，不知道還有中譯版。這本書對我來講是很重要的，當我思考自己的出路、小農的出路、還有廿一世紀臺灣的出路的時候，它的經濟理論是一個很好的思考基礎。

然後第三本是剛剛有提到過的《好農業，是最好的醫生》，它跟《小即是美》一樣，提供給我的是概念上的指引。它很直接就講到了食安問題、以及現代人生活問題的核心——我們和土地的關係是斷裂的。現代人經常為了健康，吃一堆營養品來補身體，但其實更好的方法，是去恢復人跟土地的關係和連結，以中醫的觀點來看，就是恢復跟萬物的關係、跟節氣的關係，讓身體跟著大自然一起循環。這本書所講的概念，剛好跟我要走的路是一致的。

第四本是《聖經》。對我來說，這是一本百讀不厭的書，隨著人生經歷的不同，每次讀都有新的體悟。在我人生經歷重大轉換的時期，讀《聖輕》總是帶給我很大的倚靠和信心，尤其是《新約》，因為《新約》裡面講的都是好消息，像是〈約翰一書〉四章十八節：「愛裡沒有懼怕；愛既完全，就把懼怕除去。」讀到就很安慰。

我剛開始接觸信仰時所待的教會，比較是要我們順服，對於《聖經》裡面讀不懂的地方，

怪貓推薦的《小即是美》、《好農業，是最好的醫生》、《聖經》以及《大地之歌》。攝影：吳欣瑋。

會跟你說「存記在心，反覆思考」，但這種讀法漸漸就無法滿足我，因為我的科學背景、性別意識，會讓我對它的內容有很多疑問。所以後來我離開了那個教會，加入東門長老教會的查經班，在這裡，《聖經》是可以被質疑的，而且你的質疑也是可以被討論、回答和解決的，我才漸漸讀懂更多，能夠理解《聖經》裡面的話語，背後都有歷史脈絡存在，讀懂它的脈絡，才不會拿著一本經書去攻擊別人、定別人的罪，反而可以在一次次的閱讀裡，與自己所觀察到的社會現象、現代人性作印證。

最後是《大地之歌》系列，是我看過最有趣的、跟獸醫有關的書。我爸不是不讓我去考獸醫嗎？所以我大學才念了醫工系，但即使念了醫工，我對獸醫的興趣也從來就沒有斷過，動物、大自然對我來說一直都很有吸引力，我後來從農也有一部分是因為這樣。

《大地之歌》系列的作者吉米・哈利，他本身就是獸醫。這本書呢，從一翻開書，看他講怎樣幫牛接生你會就開始笑——它不是那種插科打諢的好笑，他講的其實是很辛苦的事情：半夜很冷，還要把手伸進去牛的子宮裡面接生小牛，但他把這些辛苦的部分講得很鮮活、很有趣。這套真的超好看，你看，這書是不是很新？因為我搬家的時候書壞了，我又重新去蒐集，這真的是真愛。

問：閱讀對您而言的意義是什麼？

答：很多時候，閱讀對我來說是工作上的需要，我需要去消化資料、需要一些新的概念，這種閱讀比較是工具式的；但是，另一個重要的意義是，在我有限的人生裡面，或許不是每一個地方我都到得了，不是每件事情我都做得到，但是閱讀可以幫我開了一扇窗，讓我看見。就好像說，我雖然最後沒有成為獸醫，但在《大地之歌》這樣的作品裡，我就看到了，如果我有一個獸醫人生，可能會長成怎麼樣、有怎麼樣的經驗。到不了的地方，透過書就可以到了。那就是一件很好玩的事情。

書如鏡，鏡中折返出真實生活

——專訪賴欣怡

採訪、撰文、人像攝影／李偉麟

姓名：賴欣怡
出生年：一九七八年
出生地：臺北市北投區
現居地：臺北市北投區
從小到大是否跨城市搬遷過居所？否
每月用於購書的金額約：3000—5000元

資本論（一套全5冊）
物語日本史
皇國史觀的經典著作
人的條件
東方主義
One-Dimensional Man
Race War!
ON KILLING
暴力

前言

欣怡和我，是小小書房世界文學讀書會的書友。在讀書會上，欣怡不常發言，我對欣怡最深刻的印象，就是如果哪幾次的讀書會沒有看到她，必定是出國去了。由於她缺席通常都是一次不見好幾個星期，不像一般人出國大概只請一次假就回來，再加上欣怡的個性十分爽朗大方，笑容總是如同陽光般明亮燦爛，在採訪她之前，我一直以為她的生活是同時在國外、國內兩頭跑。

訪談之後，我才知道，她出國是去旅行，而且地點通常都是比較遠或較難抵達的國家，或是需要較多天數的行程，像是那趟發生在她由二十九歲跨入三十歲門檻的絲路之旅，就以留職停薪的方式，進行了一趟長達五十五天的旅程。

第一次的訪談結束後，我寫下了這樣的心得：「書，對欣怡來說，是連結世界的一種方式。」

之所以會有這種強烈的感受，主要來自訪談中她提到的一件事。對我來說，是屬於不可思議的奇幻故事。

這件事是剛剛提到的絲路之旅。那是她人生中第一次長途旅行。她有一位旅伴，是因為公司從臺灣撤資而剛領到一筆資遣費的妹妹；相對地，欣怡的工作和生活非常穩定，但是卻莫名地感到焦慮。兩人基於不同的理由，一齊踏上了這段旅程。

這趟旅行，有一本書可說是「旅遊指南」。它是《絲路分手旅行》。欣怡是如此描述這趟旅行和這本書的關係的：「路線一樣，我們也是從上海出發。我們原本計畫去的點，後來都沒去，然後這本書裡面提到的點，我們都有去。作者的前女友瞧不起他，認為他是個沒有用的人，那我們可能是瞧不起沒有用的自己。我一直對於我的人生很焦慮，也因為有了這個焦慮，所以有了這趟旅行。最重要的是，在那路程上，我也跟作者一樣，度過了三十歲的生日。我發現，其實，什麼事也沒有發生，但卻彷彿突破了自己人生的一道關卡，就是由莫名的焦慮堆積而成的關卡。」

《絲路分手旅行》是欣怡這趟旅行的「旅遊指南」。攝影：吳欣瑋。

令我意外的是，這趟旅行和這本書的關係，並沒有因為旅程的結束而畫上句點。因為欣怡接著說：「我很幸運，能夠在老闆的支持下，留職停薪出去玩這麼久，算是終於在三十歲的關卡，完成了一件對自己的交代。沒想到，回來之後，公司就風雲變色，組織重整，竟然老闆換人了。面對這樣的變化，我最大的心得是，工作是一時的，人生是自己的。所謂的工作穩定，到底是什麼？工作上的一切，他人其實可以輕易的拿走。而人生中到底應該追求什麼？」

一趟旅行，竟然演變為一個人生大哉問，這又是我始料未及的。欣怡拋出了一個這麼大的問號，我一時之間接不住。

一陣沉默之後，她告訴我：「這趟旅行帶給我最多的，就是選擇的勇氣。無論我有沒有去旅行，公司也還是會有所變化。所以，必要的時刻，不如就去做自己覺得比較重要的事情。」

我的生活，還不曾像這樣與一本書如此貼近。貼近到這本書彷彿就是擺在眼前的一面鏡子，引人踏進去，度過了五十五天，然後從鏡中走出來時，那五十五天的時光和經歷，卻是再真實也不過的，而且身上有一股全新的力量，那是來自擁有了重新看待現實的眼光。

嗯，期待我的生命中，也會出現這樣的一本書。

訪談

問：開始有閱讀的記憶，是在人生的哪一個階段？

答：大概是在小學三年級暑假的時候，臺北市立圖書館稻香分館（現因建築物重建閉館中）開幕啟用，由於家裡有四個小孩，四個小孩同時在家裡，實在太吵鬧，於是媽媽就會要我帶著妹妹們和弟弟去圖書館，在那裡，我開始有機會接觸到大量的書。

稻香分館的環境非常好，冷氣很涼，通常我們姊弟在早上起床後就一齊去，中午回家吃飯，然後再回去圖書館。媽媽會發給我們每個人十塊錢，到了下午四點，我們就開心地到圖書館旁邊的稻香超市門口，門口有兩個攤子，一個賣冰，一個賣豆花，先滿足地吃一碗豆花或tshuah-ping（礤冰，意為刨冰），然後才回家。

在圖書館，我們各看各的書，比方說弟弟就看繪本，雖然他的年紀還小，可能看不懂字，但是看圖片也很好。圖書館的冷氣很舒服，就算睡著了也沒有關係。

問：媽媽怎麼會知道說，您們有沒有真的去圖書館？

答：誒，我從來沒有想過這個問題，但這個問題很有趣。去圖書館，我媽媽並沒有一定要我們看書，發呆也可以。如果我們不想去圖書館，也沒有關係，就會直接跟媽媽說，我們今天要出去騎腳踏車，或者去哪裡玩，媽媽都會很大方地答應。我媽媽很兇，如果她說

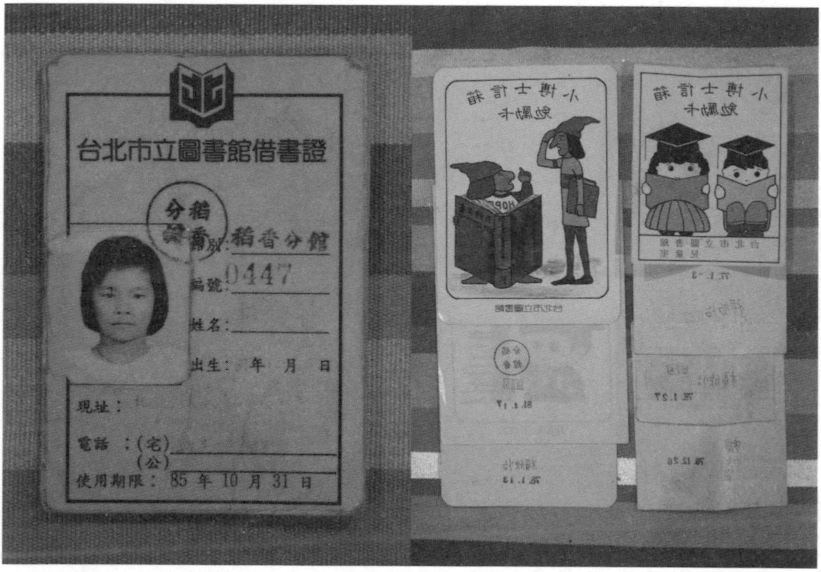

臺北市立圖書館稻香分館借書證（左）與圖書館「小博士信箱」活動卡片（右）。攝影：李偉麟。

往左邊，我們沒有人敢往右邊，因此不會有欺騙媽媽的這個膽子。另外一個原因是，那時候家裡要養四個小孩，爸爸很認真在工作，媽媽專心在家帶我們，每年會有一次全家人到外地的旅行，除此之外的假日，爸媽不太會帶我們出去玩，因此我們最常去的就是圖書館，它是一個媽媽非常認可的地方，所以我們如果不是在家裡，通常就是去圖書館。

問：還記得在圖書館看了哪些書嗎？

答：都不記得了。但我還記得，因為圖書館是新開的，所以全部的書都是新的，然後我們很喜歡成為書背後那張借閱單上，蓋借書章的第一個人。我還留著當時的借書證呢！記得圖書館還有「小博士信箱」的活動，好像每周會貼出一個問題，如果答對了，就會得到一張有集點功能的卡，集滿可以換個禮物之類，但是我好像從來成功沒有換到過。

問：那時父母會買課外書給您們嗎？

答：家裡其實沒有什麼錢，我爸媽也不是那種會經常帶小孩去書局，然後買書回來的父母。而且圖書館就在家附近，爸媽反而就更覺得，去圖書館看就好，一來不會把家裡弄亂，二來又不用花錢買書。

不過，有一年我收到「聖誕老公公」送的書，而且有三本，後來知道那其實是媽媽買的，因為隔年的聖誕節前夕，我就眼睜睜看著小阿姨拿著袋子給媽媽，而那個袋子，跟隔天我們收到的禮物袋子一模一樣。我只對其中一本的內容有印象，故事是講有一對窮苦的老公公、老婆婆，他們的工作是做靴子，等到他們晚上入睡以後，就會有小精靈來幫他們做靴子，隔天他們就可以賣錢。不過書名是什麼我忘了，只記得是一本故事書，字旁邊有注音，也有圖。後來我年紀比較大之後，媽媽也送過我一本《萊特兄弟》，之所以對這本書有印象，是因為好像有一次媽媽痛罵我，我忘了原因了，只記得當時覺得很委曲，就用刀片割那個書。

問：這樣聽起來，您的媽媽還滿鼓勵您讀書的？

答：可能是因為我讀小學是早讀，媽媽想說如果我第一年跟不上的話，就讓我再讀一次，也就是讀兩次一年級。結果，我第一年就考了第三名，我還記得當年媽媽很開心的表情，以及爸爸覺得「哇，我的小孩怎麼那麼厲害！」那種不可思議的表情，更堅定了我要考高分的決心。還有，媽媽也會用重金獎賞我們讀書，鼓勵我們考高分。小時候我們家是沒有發零用錢的，就是如果月考考了一百分，就會有一百塊錢，如果考前三名的話，就有五百塊錢。這對我來說還滿容易的，因為國小同學人數很少，而且每學期有三次月考，就有三次掙零用錢的機會。

對於鼓勵閱讀這件事，我媽媽可說是最大的功臣，因為她不會管我們讀什麼，不會限制我們讀的書，給我們一個很好的空間，最重要的是，當我們在看書時，媽媽絕對不會打擾我們，也不會評論我們讀什麼，這是讓我最感謝的，同時，她對我們姊弟是一視同仁。她給我們的這種自由度，在當時是跟多數的家長不一樣的。當時有些同學的家長，總是會批評自己小孩看的課外書有用或沒有用，重視的是分數的追求。但我媽媽不會這樣，我們自己讀的書，多半是那些家長口中「沒有用」的書。

問：拿到零用錢之後，會去買書嗎？

答：應該是先拿去買巧克力。比較有印象自己去買書，是讀國中的時候。家裡還是延續著考試獎賞制度，我常常得到「賞金」，再加上爸媽送我去離家比較遠的新民國中上課，所以我每天早上都會得到一張嶄新的一百塊錢，是媽媽給我的餐費。而我爸時不時也會給我五百、一千塊錢，所以那時候手頭就會有比較多的閒錢，每逢月考結束，我和同學就會去士林的新學友書局（已歇業）買書，在小北街，有個賣樂器的店附近。

問：印象中買過哪些書？

答：還記得的有《清秀佳人》、《冰點》，以及《窗口邊的小荳荳》[1]。那時候是流行什麼，就買什麼。印象中沒有老師推薦我們買什麼書，同學之間流行看的書有瓊瑤，也有琦君。我還滿喜歡琦君的，直到有一天，同學無意中告訴我琦君的年紀，我一時之間很難接受，因為從書寫的文筆，我一直以為是一個大姊姊對著我說話，這個落差有嚇到我。反正一進去新學友書局，就有很多秀出封面、平擺著的書，我都是從那裡面挑選。我會先在書店看，大概看個前一、兩章，或看到中間，覺得有興趣再看下去，才會買回家。

《清秀佳人》大概買了十幾本，沒有買齊全套，主角是一個孤兒，我覺得我爸跟書中的馬修滿像的，靜靜的，對人很好；然後我媽很像書中那個妹妹，雖然她也對人很好，但個性有點兒「tshiah-pê-pê」（刺耙耙，意為兇巴巴）這樣。我在書中看到爸媽的影子。那《窗口邊的小荳荳》應該是比較早期看到的日本翻譯文學作品，所以印象比較深刻；至於《冰點》好像是講一個殺人犯的故事，我不太記得內容。

不過，有一位同學向我借了《冰點》，結果還給我的時候書卻很髒，我覺得這個人很討厭，而且最讓我百思不得其解的是，一本這麼乾淨的書，怎麼可以把它弄得這麼髒？不過，之後如果有人向我借書，我還是會借，並沒有因此就不借書給別人。只是，書要借給別人，就跟借錢給別人一樣，要有心理準備，可能會回不來。所以，不要隨便拿友誼開玩笑。

另一本印象很深刻的書是《討厭艾麗絲》，主角叫朱小梅，然後她家也是一堆人，吵得亂七八糟的，她有一個同學叫艾麗絲，家裡很安靜，而且很有錢。我也不知道為什麼會一直記得它，即使後來長大了，還是有時候會去翻一下這本書。

還有「十四隻老鼠」系列繪本，我是後來在小小書房買的。就是有一次來小小，剛好看到桌上有擺，然後就跟沙貓聊了一下，想起小時候在圖書館有看過，於是就把那套書買走了。那種感覺，就是長大了自己會賺錢，有能力可以把整套繪本買回家，把小時候的回憶買回收藏。

問：剛才在聊國中階段，怎麼又跳回小學時期了？是因為小學的閱讀經驗比較深刻？

答：對啊。當然國中也有去圖書館看書、借書，可是因為國中主要還是以升學的教科書為主，但是小學的時候就是隨便看，而且小學時看書，覺得每一本書講的內容都很新奇，到了國中，可能就覺得還好。

不過在國中時讀的課外書也沒有比小學少，也會跟同學互相借來借去就是。國中就是，考完月考之後，因為還沒有教新的課，沒有什麼功課要忙，所以一定會去新學友；除了去書店，很偶爾才會跟同學去唱片行買流行歌手的卡帶。平常爸媽還是不會帶我們出去玩，所以除了家裡和學校，去的地方還是書店或圖書館。

問：那個時候，書對您的吸引力是什麼？

答：其實我覺得我的生活沒有什麼變化，看書就是讓我看到各種不同的狀況。比如小說裡面爸媽會離婚啊，然後又會有什麼小孩被殺之類的，這些不太可能發生在自己身上，但也是真實人生的一部分的事情；或者是什麼小說裡面的人物可能就非常有錢，但都沒有什麼朋友啊，然後他們也不喜歡跟別人講話，這樣子之類的。那感覺就是說，書提供了生活中不同的可能。

問：高中和大學時期，讀了哪些課外書？

答：高中我讀景美女中，我家和學校分別在臺北市的一北一南，所以高一就搬到學校附近，跟另外兩位學姊租一間雅房，睡上下鋪，到了高二就住校，一直到畢業，都是團體生活，沒有空間放書；還有就是參加學校的社團，根本沒有時間讀課外書，也不常去學校圖書館。而且我覺得讀高中時的日常消費很高，零用錢除了花在生活用品，最大的享受就是有機會跟同學吃麥當勞。高中時期，應該是書看得最少的。

大學到臺中的東海大學讀會計系，我大概每個月會到書店至少買一、兩本書。

問：買書的習慣怎麼大學時又恢復了？

答：因為在大學的時間很多啊！而且，我在學校外面租屋，路上都會經過書店，就是在東海別墅商圈裡面的東興書局，很自然就差不多每個禮拜會買一本書。買書的方式還是跟以前一樣，就是書店的平檯上擺了什麼書，就從裡面挑。大致上是以小說為主。

問：這時期，還記得買了哪些書嗎？

答：第一本是《未央歌》。

問：怎麼回答得那麼快？

答：因為是《未央歌》啊！不是讀大學的人都要讀《未央歌》嗎？讀了以後，就覺得讀大學的時候，真的要看一下《未央歌》。基本上我對於自己讀大學的生活是沒有想像的，讀了這本書，可以感覺一下別人讀大學的時候，都在想什麼？也因為它是我去東海大學後買的第一本書，所以印象特別深刻。

大學時，我花很多時間參加社團，像是AIESEC（國際經濟商管學生會），它是全球最大的學生組織，我因此參加很多活動，也有看不完的書。但一直以來，對於一本書沒有看完這件事，我覺得沒有關係，因為並不是每一本書都一定要看完才算數。記得有一本是學長特別買來放在社團辦公室，希望我們讀的《第五項修練》，就因為那本書很厚，所以我沒有看完。然後因為我念會計嘛，所以當時也會看一下經營管理有關的書，比如說，《工作

DNA》，它很薄，又很好看。

問：大學時，會去圖書館借書嗎？

答：寒暑假回臺北，我還是會去稻香分館借書，但在東海讀書時，比較不會去學校的圖書館借。因為學校圖書館的書都很舊，沒什麼新書，而且有一股不好聞的味道。

問：國中時買了滿多翻譯小說，大學時有試著買華文小說嗎？

答：很少。當時我認知中的華文小說，一整個讓我覺得很沮喪，所以就看得很少。這種印象大概是從國中時期在圖書館借書的經驗來的，那時候看了很多九歌出版的書，除了琦君會講到跟家人相處的美好之外，我所接觸到的華文作品，大半都是在描寫苦哈哈、窮到快死掉，很慘的人生際遇，寫得很沉重，還有一些莫名的悲傷，悲傷到讓我覺得，人生已經夠苦的了，看書就是想要看點看點不一樣的，或是讓人生有希望的東西啊。

問：畢業後出了社會，看的書種類有改變嗎？

答：還是跟以前一樣，就是看到什麼、買什麼。不過那時候已經有博客來網路書店，買書相對來說，就變得更方便，所以也就少去新學友、金石堂了。我都在「新品推薦」的頁面瀏覽，看到哪本書的文案寫得有「感覺」，就會下單。一個月至少會買一次，一次都至少買三、四本。那時候也會去敦南誠品或是捷運臺北車站的誠品，不過都是順路經過時才會去逛，不會專程去。

不過，我這種隨性讀書的態度，一直持續到大概是二〇一一年，有一次去面試的時候，面試我的人問了我一個問題，有讓我認真重新思考關於讀書這件事：他問我說，你很喜歡閱讀，那你喜歡哪個作家？喜歡哪一本書？當下我回答不出來，回家後就一直在想這個問題，想說為什麼我答不出來？思考的過程中，發現我並沒有特別喜歡哪位作家，而且我也不太記得，我到底看了哪些書？

但現在，我有了比較大的改變，不但讀書時會關心作者的背景、follow作者寫過的書，還會看看是哪個出版社出的，也會看看譯者是誰、編輯是誰等等，也會比較注意有關於書本身的細節。甚至我會去思考，如果換成別的出版社來出，文字的風格是否會變得不同？如果讀到譯得不錯的小說，我會去了解譯者的背景，是否我有買過別的書也是同一位譯者譯的，如果有的話，就會優先從書架上拿出來看。

我發現自己讀書會追作家，喜歡的作家，如果出了新書，我就會先買；如果我讀到不錯的作品，也會把這位作者之前的書都找出來看。雖然有時有些作者的書，只喜歡這一本，下一本覺得不喜歡，但我覺得這也都是很合理的。

問：雖然您說買書很隨性，但應該還是可以歸納出比較偏愛的種類？

答：嗯，有一類的書我很喜歡，就是看了之後，能夠讓我更了解書裡介紹的那個國家，不是只是從旅遊資訊的角度切入。比如說，李桐豪的《絲路分手旅行》寫的就不只是一段旅程，還有作者的經驗。這本也是我最喜歡的旅遊書，即便到了現在，我還是非常喜歡它，每次重讀都會讓我覺得充滿力量，而且打開就會讓我覺得很開心。希望有一天，我也能夠寫出像這樣的書。

還有國外記者寫的，對一些國家的觀察的書，也是近期我常會買的，讓我對一個國家的認識，不再只限於「哇，好漂亮！」，而能夠跟著他們的眼和筆，了解這個地方的過去、產生變化的原因，用他們多年實地生活的經驗去分析那個國家的局勢。尤其是中東地區，平常我們只透過媒體知道哪裡被轟炸了，或是A國欺負B國，那麼，讀了這些書會多一點了解，原來我一直以為是受害者的B國，有可能其實是「惡人先告狀」，並不是我原來認知中的那麼無辜。

得獎的小說，我也會買來看，感覺一下為什麼會得獎。我也會讀經典小說，它帶給我的閱讀樂趣，就是在不同年紀的時候讀，都會有不一樣的體悟。

我的書架上還有一大堆身心靈的書。這類的書，在人生的各個階段重新再讀，都會有新的體悟。比如說我就很喜歡奧修的書，那是會讓我一看再看的。

建築類的書也有，但我都還沒看，那是因為我看了介紹一些建築師的紀錄片，想知道更多，就再買書回來。還有一些約翰・柏格的書，也還沒看——我其實對他一無所知，對拍照這件事更沒有興趣，直到我看了他的紀錄片[2]，才猛然驚覺：「天啊，我的書架上竟然有好幾本他的書！」

問：從您大學和出社會的買書習慣看來，花在買書的錢其實不少，家裡應該有不少書？

答：嗯，可能因為我也沒有別的消費，錢大部分都花在旅遊和買書，所以是有不少書。而且出發去旅行之前，我有買旅遊書的習慣，像是旅遊指南之類的工具書，至於其他種類的旅遊書，我會先去圖書館借，覺得好看再去買。

問：會有書櫃不夠放的困擾嗎？

答：我放書的地方除了書櫃，還有床底下，如果這兩個地方都滿了，媽媽就會要我清理書櫃，因為她不喜歡家裡堆得亂七八糟。她會一邊這樣碎唸我們：「要你們去圖書館借就好，為什麼要去買？買了不但花錢，買回來又占位置，然後最後還要把它清出去。」不過，雖然她唸歸唸，卻從來沒有阻止我們買書。

我清理書櫃的頻率，大概是每三年一次。清出來不要的書，以前都是進了廢紙回收場。記得有一次我爸很感慨地說，今天這疊書那麼高，竟然賣不到一百元，只賣了二、三十元而已；還有一年我自己拿去二手書店賣，覺得很辛酸，因為錢真的很少。後來二手網路書店「讀冊」出來之後，我就在讀冊上面賣。

問：怎麼決定哪些書要被清掉？

答：某本書如果在我讀的時候，當下沒有被看完，而且我覺得日後會再拿起來讀它的機會是很少的，它就會被歸在被清掉的第一順位。還有一種是在網路書店促銷時，因為貪小便宜而亂買的書、滿額就得到的贈書。另一些則是我看過一遍就不會再看的非經典類小說。

不過，曾經有一次我懷著「想要讓更多人分享好看的書」的心情，把一些好看的小說清出書架，比如說卡繆的《異鄉人》、《龍紋身的女孩》系列、《項塔蘭》，以及韋勒貝克的作品等，後來覺得非常後悔，這不應該是清書的原則，事後還想盡辦法把它們買回來。那時候的我，沒有判斷能力，不知道這些書的重要性。比如說，後來有機會重新認識韋勒貝克的作品，才發現我當時清掉的那些書，有些已經變成絕版書了。

絕版書這件事情，我以前對它並不以為意，一直以為書總是會在那裡，想看就有。後來發現不是這樣，它是會絕版的。所以現在就知道說，某本書有可能第一刷之後，就再也沒有第二刷了，如果現在沒有買它，之後可能就買不到了。所以我會在新書出來、看到它的第一個時間點，無論我有沒有馬上要看，先買回家放著，等緣分到的時候再拿出來看。

我曾一度清掉四十本書，心裡的小劇場是：「我當時買它們幹嘛？」但被我清掉的書當中，很少有文學書，因為有一次我好奇地問沙貓，清書的標準是什麼？我參考她的建議，現在都很謹慎，文學書不會隨便清掉。還有不會清掉的一種書是，我買了還沒有讀，但心裡頭知道我是喜歡它、知道它很好看的，我書架上就有兩、三層這樣的書，這樣的書是會被留下的。

問：書架上這樣的書很多嗎？怎樣知道「緣分到了」？

答：還滿多的，大概有一半。雖然如此，我不會焦慮，因為這些書都很好看，每次看到自己的這些藏書，就覺得很高興，雖然我還沒有機會讀它。我相信緣分總是會到，只是早晚而已。有些書是這樣，如果不先買回家放在書架上，就不會記得它，那一輩子或許就這樣錯過了。

有些書可能現在機緣還沒有到，所以就是給彼此時間，等一下。比方說，《生命中的鹽》的作者艾希提耶過世了，我就立刻把書從書架上拿出來，把它讀完；或是有可能某個朋友、某個講座的講者，聊到一本書，而我的書架上就有那本書，可以立刻看到、摸到，拿起來讀一讀，你不覺得這是很好的感覺嗎？這就是緣分。

我相信跟某本書相遇時，第一次感覺到的那個緣分：當時會買它，一定有原因，只是當下自己可能不是那麼明白。比如說，有人介紹它很好看，或者是誰曾經提到它。不然，世界上的書這麼多，為什麼買A不買B？我相信一定是有一個點，讓我決定買它。

問：會用出版社來選書嗎？

答：不太會。不過後來我發現，自己有幾家喜歡的出版社。比如說，曾有某位外國作者的書，第一本是大塊文化譯的，讀起來感覺超棒的，結果作者的第二本書去了另一家大出版社之後，譯筆讀起來沒有感覺。大塊的譯筆風格跟我比較合吧！後來我因此盡量避免買另一家大出版社的書，反正它們家的書圖書館都有，如果真的想看的話，去圖書館借就好了。

另外，時報出版、新經典文化、八旗文化、麥田出版，如果我在臉書上有看到它們的新書訊息，也會稍微留意。但是我沒有追特定出版社的習慣，選書還是看緣分——或者是封面做得特別漂亮。不過也有一些書的封面並不吸引人，但是內容很好看，這樣的書我也會「忍痛」買下去。還有，書裡如果有附上新書廣告的摺頁，也會吸引我去買，像大塊文化就有很多這種摺頁。

以前我曾在敦化南路一帶上班，公司離敦南誠品很近，所以「誠品選書」大部分我都會買，看完以後也覺得的確很好看。現在因為路過誠品的機會比較少了，而且誠品有的書，大部分其實小小書房也有，所以比較少參考了。

我常參加各類講座，在這樣的活動中，可以認識新的作者，也可以透過作者的分享，去感覺這個作者的作品會不會是我的菜，比如說吳明益、畢飛宇、優人神鼓的劉若瑀、雲門舞集的林懷民等。如果作者在講座中又提到其他書，那些書我也會買回來。還有改編成電影的作品，看了電影之後我也會買回來看，但有時會遇到譯得不好的書，之後就會被我清掉。此外，在《獨立書店年度選書手冊》裡被很多店重複推薦的書，我也會買來看，比如說《靜寂工人：碼頭的日與夜》。

我也有很喜歡的譯者，像是顏湘如，只要是她譯的書，我都會買回來看，比如說《龍紋身的女孩》系列。

問：會看電子書嗎？

答：我看不來。其實有買過，比如說赫曼．赫塞的《流浪者之歌》，但我看了第一頁就沒看了，因為電子書看起來沒有「讀書」的感覺，還有就是如果手上的書想要送給別人，電子書要怎麼送？我也會把書當做筆記本，有時候出門或旅遊時，會從包包裡把書拿出來，在書上筆記一些事情，如新朋友的聯絡方式等，但是如果電子用品沒電，那就是一場空。

問：那隨身包包裡會放書嗎？

答：會。坐車的時候可以看。而且旅遊的時候，我覺得也是要看書，比如我去金門玩，包包裡放的是畢飛宇的《青衣》。

問：買回家的書，爸媽會過問嗎？

答：不會。後來我自己買了書櫃，把書放得比較整齊，就邀請媽媽來到我的書櫃前，我跟她說，想要涉獵什麼領域，自己拿。然後她看一看我的書櫃，說了一句「我沒有興趣」，就走掉了。這十年來，我媽媽唯一跟我借的一本書，就是《房思琪的初戀樂園》。那是因為受到新聞的影響，她問我說，那本書到底在講什麼？我就說，那書我有，你要看嗎？就借她這樣。後來我沒有問她看完了沒，卻也從此沒有再看到這本書。

我爸對我的書沒有興趣，最主要的原因是他看到字就想睡覺。我記得在我國小三年級的時候，我媽就跟我說：「接下來老師教的東西，我已經不會了，你就要靠自己了。」所以我小學三年級就到老師家去補習。

問：會跟家人討論書嗎？

答：會。我和小妹對於閱讀比較感興趣，我們倆經常討論書。

問：在您們曾經討論過的書當中，印象比較深刻的有什麼書？

答：有一本《才不是魯蛇：錢少事少、周休五日的快樂人生》。曾有一陣子，我讀了很多討論關於「窮人」、「窮忙」，這類的書。書中有這樣的觀點，我很認同：去辦公室上班，不是唯一的選擇，就算不符合主流價值，只要自己覺得日子過得很好，那就夠了。我妹妹讀了以後，也認同這樣的觀點。

小妹有時候會問我說，有沒有什麼書可以看？我就從書櫃拿給她，或是她自己會來我櫃子拿。我們會交流彼此的書籍和心得，如果我覺得好看的書，我也會主動推薦她看。由於我們現在還住在一起，我觀察到有一個有趣現象是，如果某一陣子我不在家，像之前我到臺中讀大學，或是出社會後，我出國旅遊不在家的期間，小妹買的書就會變多。

雖然她買的書我都看不懂，因為她會買各種與股票分析跟占星學有關的書——她的態度是對某個領域有興趣，就是要學會。但是，每個人都有自己的偏好，閱讀這種事情本來就是自己爽就好，不要以為自己買很多書，就以為別人買的書，你都看得懂，閱讀有這種很棒的多元性。

問：會跟朋友討論嗎？

答：會，我的朋友們都會看書啊！很自然就會互相聊起最近看了什麼書，然後每個人看的書完全不一樣，很少有重疊。

不管是在學校時的同學，還是工作上的同事，如果我知道這個人有在看書，就會想要跟她多聊，然後就會變得比較熟。「最近看了什麼書？」不但是我與人拉近關係的方式，也是朋友之間經常討論的話題。我現在的好朋友，都是這樣來的。比如有一位徐千惠小姐，她其實是我多年前職場上認識的客戶，雖然她現在人在國外，但我們變成很好的朋友，她會介紹很多好書給我，像是前年（二〇一七）重新出版的《天河撩亂》，就是她介紹給我的，否則像這樣的書，我可能一輩子也不會找來看。她看的書比我廣、比我深，也會看詩集，由於她會請我在臺灣幫她買書，有時我會參考她的書單，自己也買來看。此外，大學時代的好友廖瑞禎小姐，她總是好有耐心地介紹許多作家與作品給我，從她介紹書的過程中，能夠感受到她的文學熱情。我想，我現在能夠接觸更多文學作品，應該也是受她啟發。

問：除了跟朋友討論，會參加讀書會嗎？

答：我第一次參加讀書會，是前幾年（二〇一三）沙貓帶領的世界文學讀書會，那次讀《鐵皮鼓》。結果這第一次的讀書會，帶給我的經驗非常不好，造成我很大的陰影。

那個不好的經驗是挫折感很大，覺得自己又不是第一次看書了，但是沙貓提出討論的問題，怎麼我從來都沒有想過？然後陰影是，用這種方式讀一本書，已經讀不懂了，又一直被問問題，然後完全回答不出來；再加上那本書的內容也非常沉重，種種原因讓我一看到那本書，就覺得陰影很大，大到必須要把它反著放，反面朝上。我從來沒有把書反著放過。

在此之前，我都沒有參加過讀書會，這跟我的閱讀習慣有關：因為我看書經常就這樣讀過去了，並不會針對一本書，去了解作者的生平、背景，或者去分析作者為什麼要這樣寫，裡面的內容、角色為什麼這樣設定……，如果讀不懂就算了，不會想要知道更多。基本上以前沒有受到像第一次讀書會那樣的刺激，也沒有那樣的打擊。

問：怎麼處理這個挫折？

答：不要參加就好了。

問：當時為什麼會參加這個讀書會？

答：這要從我怎麼來到小小書房開始講起。那時候好像就是，我換工作已經兩年多了，工作比較上軌道，然後「獨立書店」滿有名的，我應該是在網路上看到小小書房的部落格，它的標語是「因為對書的愛情，所以我們存在」，很打動我，怎麼會用「對書的愛情」幾個字呢？感覺對書很有愛，好特別喔！於是就抱著好奇的心情來到小小書房。

第一次來到小小書房，其實沒有覺得很特別，就跟一般的書店差不多，而且那一次我來參加一場看電影的活動，一開始播，就覺得很想睡，再加上我很怕貓，坐在很擠的座位上，還會有貓突然跑出來，因此，活動開始沒多久，我就離開了，心裡覺得，自己可能跟獨立書店還有一大段距離吧！

雖然如此，但我還是會關注小小書房的部落格，因為當時流行看部落格，可是部落格寫得好的其實不多，而沙貓寫的東西，在我閱讀的過程中，不會覺得只有爽而已，會讓我覺得有知識性，了解很多以前不知道的事情。而且，透過部落格會知道小小書房辦的活動，其中有一次的系列座談主題是世界文學，很吸引我[3]，又是免費的，於是我先報了第一場講韓國的，沒想到講得非常精彩，我收穫很多。

韓國離我們那麼近，對於韓國的作家，我竟然陌生到想不起任何一個作者，這讓我覺得很不可思議。韓國這個座談，對我影響真的很深，後來我去找講師提到的韓國作家，比如說申京淑寫的《我們不要忘記今天》、《請照顧我媽媽》，都讓我覺得，天啊，怎麼有寫得這麼好的作品？尤其看完《請照顧我媽媽》，雖然一直知道媽媽很辛苦，但卻沒有意識到自己其實認為媽媽所付出的都是理所當然。之後，會覺得除了對媽媽好一點外，還要多去理解她的感受與行為，也才發現，其實自己並不太了解一起生活多年的媽媽。

因此，接下來的五個場次，我每一場都參加了。有了這次講座的美好經驗，當我留意到讀書會的訊息時，就有信心鼓起勇氣來報名，而且費用很親民，雖然我之前對讀書會一點兒興趣也沒有。殊不知，第一次參加讀書會，帶給我的震驚和打擊，快速地結束了我對讀書會的好奇之旅。

問：後來怎麼克服陰影，回來參加讀書會？

答：雖然有好一陣子，我沒有繼續參加讀書會，但還是有陸續參加講座，和沙貓的引導寫作課程，慢慢跟小小書房比較熟了，就覺得好像可以再回來參加讀書會。因為，讀書會的讀本，我其實都會買回家，但是我不會看，或是看了前兩章就把它放著，沒有把它讀完，覺得這樣不行，還是應該來參加讀書會，至少可以幫助我在一個月的期限內，把自己感到好奇但沒有耐心讀的書，好好地讀過一遍。我是在二〇一六年讀書會讀瑪格麗特·莒哈絲的《勞兒之劫》最後一堂回來的，之後只要我沒有出國，都一定會來參加小小書房的世界文學讀書會。

問：可是，那時您並不參加讀書會，為什麼要買讀書會的讀本啊？

答：我想說在家可以看啊，就是那種自以為在家裡可以自己讀的心態。但後來發現不行。我覺得讀書會有它存在的必要，它可以幫助你把一本自己看看不懂或看不完的書，看完。讀書會力量的強大，在讀本越有挑戰性的時候，效果越顯著。

問：不怕又受到同樣的打擊？

答：現在已經知道如何對付了。多參加幾堂讀書會之後，就會知道，有一些書我就是對它沒輒，但我會知道障礙在哪裡，讀不來的原因是什麼。比如說，讀韋勒貝克的《屈服》，我對書中提到的法國政治和文化完全無法理解，對穆斯林文化很陌生，然後對他的文學手法一點概念都沒有，但是對於師生戀的情節，就很容易進入，就是我以前所認識的韋勒貝克，情欲的部分他很會寫。我現在會知道，為什麼書中的任何一個名詞對我來講都變成障礙，是因為我平時涉獵太少。而且，如果被沙貓問問題，但是我看不懂、不知道答案，我現在就會勇敢地說「不知道」。

當然，如果自己有花時間去查相關資料，收穫才會更大。後來會繼續來讀書會的原因，除了沙貓的提問、總結或分析很精湛之外，還有每次來參加讀書會的同學們都不一樣，在每個星期一晚上排除萬難，來到小小的讀書會，一起專心二至三個小時，討論或分享自己的補充。我覺得能夠在忙碌的生活裡，有這麼一個時段，跟一群陌生人分享各式觀點是很棒的。在這裡，除了彼此的名字，我們對他人一無所知。而能夠保持這種彼此尊重的距離的環境，讓我能夠專注於書本，這樣的時光，讓我覺得特別珍貴。

我相信，繼續來參加，總有一天會讀出自己的一片天。小小讀書會的目的，本來就是希望能夠讓我們「逐漸累積」出閱讀各種不同深度與厚度的文學作品的能力。所以，這種需要時間的事情，並不是來個一期、兩期就可以達成的。也許，花個五年、十年，就會逐漸看到自己的進步。

問：所以，對比您都不太記得之前讀過的書的內容，讀書會讀過的，會記得嗎？

答：都會記得啊。而且我讀的時候，會一邊讀、一邊想，沙貓會怎麼問我們？然後還會寫筆記，書裡的人物角色有誰？幾歲？外貌有什麼特徵？以前我根本就不會去注意這些。然後，還會寫重點，比如說，這一節看完了，會問自己，這一節的重點是講什麼？像這樣想過一遍，萬一讀書會時被問到就不怕，而且很自然地就把書的內容記住了。

為什麼我看完一本書不會記得講了什麼，而別人卻都可以記得？我覺得就是閱讀過程中的差別。別人可能看完一段會想一想，作者為什麼要這樣寫？比如說，我曾參加一個講座[4]，聽畢飛宇講他寫小說的過程，我就會懂，因為這就像讀書會去拆解小說的角色設定啊，作

五本對欣怡來說有「翻轉」作用的書。攝影：吳欣瑋。

者為什麼要這樣寫啊，我就會比較理解作者怎麼去寫這個小說、用什麼角度來寫它。

問：請分享五本對您有「翻轉」作用的書？

答：比如說，在還沒有讀《白米不是炸彈》之前，我對楊儒門的印象就停留在他是個炸彈客而已，可是看了這本書，才發現他其實年紀只比我小一歲，可是他經歷了與我完全不一樣的人生，我很難想像我們是活在同樣一塊土地上。他會願意為了他在乎的議題，去做這麼大的犧牲，他是一個我非常尊敬的人。

還有《一平方英寸的寂靜》，也是在小小書房讀到的，那是第一次，我發現人對自然的影響有這麼大。比如說我們提倡戶外運動，可是我從來就沒有以動物的角度來看：人類來到你家，還洋洋得意地大吵大鬧。書裡告訴我們，人的聲音對生物的干擾是很大的，但是大部分的人進入山林時，還是自我感覺良好，比如說爬山的時候覺得無聊，就放音樂放很大聲，完全沒有意識自己變成了一個侵入者。我讀了這本書之後，對聲音產生的影響，有比較大的感覺。它讓我意識到了一個我沒有想過的角度。

沒有看這本書之前，如果有人要約我去爬山，我會去，可是看完這本書，我知道人去山裡不見得對山林是好事，如果再要參加類似的山林活動，我就會觀察，確保一起去的團體或朋友，跟我有同樣的理念，才會參加。

我喜歡旅行，《旅行的異義：一趟揭開旅遊暗黑真相的環球之旅》這本書提醒我們，旅遊行為其實是會對社會造成很多傷害的，在做旅遊計畫與決策時，其實可以多思考一點。以紀錄片《威尼斯我愛你》為例，就講述了觀光客的進入，造成當地的傷害，比如觀光客帶來物價上漲、觀光客的聲音很吵，干擾到居民的生活，家裡變成景點的那種感覺很不好。

之前看過《一千次晚安》這部電影，主角是一名戰地女記者，拿命去換照片，我從電影中看到一個人對自己的工作非常敬業，攝影可能是她這輩子的最愛，可是她也付出了家庭破碎的代價。雖然我對拍照沒興趣，不過，《鏡頭背後的勇者：用生命與勇氣走過的戰地紀實之路》這本書也是類似的題材，而且寫得很好、譯得很順。

一個人要做自己喜歡的工作，要取得家人的支持，是很難得的，還有，每個人要把自己的工作做好，都不是隨隨便便，都是拿很多東西換來的，所以我們要珍惜別人的工作成果，在面對很多事情時，很多人喜歡抱怨，可是卻忘了，對方要做到這個程度，是要付出多少努力，雖然一般人可能沒有什麼感覺，但其實背後有很大的堅持。對於我們不熟悉或不了解的工作，背後其實都有不為人知的辛苦。

第五本是《砲彈下的渴望：加薩走廊轟炸日記》。我們的媒體經常報導以色列被戰火所苦的新聞，卻很少有站在巴勒斯坦角度的戰爭有關報導，這本書記述二〇一四年以色列對加薩走廊發起「護刃行動」（Operation Protective Edge）的轟炸，翻轉了我的中東印象，也提醒我，看一件事情，要看兩面。

問：為什麼答應接受這個採訪？

答：唉呦！我何德何能啊……我不知道可以拒絕。我覺得這個採訪可以選的人那麼多，我卻被選到，有一種被肯定的感覺。

另外，我想透過這個採訪，希望大家能夠多多買書。畢竟，只有我們不間斷地持續購書，才能讓更多的作品擁有存活的空間。我們決定在哪裡消費，也會決定哪個通路可以活下去。網路書店當然是很方便，也有其存在的必要性。只是，如果當地方的書店都無法存活，而只剩下少數幾個通路時，那我們就會變得沒有選擇。而如果有越來越多的消費者願意且能夠多多在地方書店消費，這樣也能讓書店能夠就近在我們的生活裡出現，最終的受益者還是我們自己。這樣，閱讀就會自然而然變成生活中的一部分。

另一方面，我也想對出版社說，通路的大小雖然跟業績息息相關，但對於每一本書的訂單都很珍貴的地方書店而言，真的需要你們的理解，多多幫助這些書店長大，才是開拓自己財源的王道。畢竟，地方書店對於自己的讀者群是最了解的，而出了社會的讀者們也需要地方書店的協助，拓展自己的閱讀版圖與深度。許多時候，並非是讀者不喜歡作品，而是讀者不知道可以從哪裡開始。

因此，對我來說，與其推廣閱讀，不如鼓勵大家先多多買書。特別是相對擁有較高收入的朋友們。因為，書買回家，要看就有。一年讀不到兩本書的原因，也許是因為買的書太少。如果改成一周買兩本，就算不願意，也會抱著「我都花錢買了」，多少也要看個幾頁的心態。最後，就算自己看了不喜歡，還可以送人。也許這本書就啟發了那些身陷泥沼而無法把苦說出來的朋友們。

每個人的人生中，都會有一些事情，是不會拿出來跟別人在檯面上討論的，比方說，讀書會的書友們，不會討論工作上的問題；工作上的同事或朋友，不會討論感情的問題；可以討論感情的朋友，不會討論其他層面的問題。有些時候，書中的某一、兩句話，或許就幫助了那個不願意說出他承受了什麼苦的人，給了他一個喘息的空間，或是給了他一個出口，因為那等於是一個無法說出來的祕密，那種心情是很難受的。書，神奇的地方，就在於它的不可預期性。

每個人在每個階段需要的讀物，也不盡相同。不過我相信，常去書店以後，就很容易遇到自己需要的書會跑來找你。因此，就算當下暫時不看也沒有關係。

問：閱讀是很主觀跟私密的事情，分享自己的閱讀心得，或是知道別人的閱讀是怎樣，有什麼意義嗎？

答：話是這麼說沒錯，可是我覺得，我們一樣看同一本書，但是彼此對這個書的想法或者是評價，可能會南轅北轍，透過討論，別人的角度會帶來一些新的刺激，那個角度可能是我以前沒有在乎過的，或者是，碰到看不懂的地方，就覺得這本書很難讀，不理它了，但原因其實是我不曉得怎麼去讀它，再者，我真的有去理解到作者想要傳達的訊息嗎？

我覺得以前我可能就是看看，看不懂就跳過去，然後我也不會想要去深入，或者是，我嫌書做得很難看，有可能是封面或者排版的字體很醜，我就會拒絕這本書。現在就會知道，翻譯小說的經典或精彩之處，在閱讀量還不夠多的時候，是無法體會的；我以前一直以為自己跟這些書有距離，但其實那些距離都是自己想出來的，這些書有的看起來是很薄的一本小說，可是其實要讀懂它是需要時間和人生經驗的，可能需要十年、廿年之後，才能夠理解這個作者想要傳達的深度。還有一個體會是，以前不太知道，如果覺得某一本翻譯書不好看，到底是作者原本就寫得不好看，還是翻譯之後走味？透過參加小小書房的讀書會，有讀友發現翻譯上的錯誤，現在就會知道，翻譯也是會有錯誤的，以前我是沒有這種判斷能力的。

問：那麼，閱讀對您的意義是什麼？

答：閱讀是我生活中的一部分啊，如果少了它，我會覺得很空虛，生活很平淡無味。閱讀，就像生命中的鹽一樣，會讓你感受到不同的滋味。此外，書也帶給我許多啟發，比如說，作者的觀點，對人生的看法，經常都會啟發我做出不同的思考，甚至改變我的觀念。

畢竟我的生活算是非常簡單，但是大量閱讀其實可以超越地理與時空的限制來豐富人生，讓我們對人有更多的同理心，補足人生經驗不足的部分。而且不同文化對相同事情的反應卻可能是兩極化的反應；不同的作家在描述情感或事件時，所切入的角度或立場，都能帶給我們新的刺激與可能。一個心裡過不去的結，透過他人的故事，卻能變得可以理解。而讀越多，越是心懷感激。作者要掏心掏肺多久時間，才能夠寫出這樣一個作品？即便出版業的產值年年下滑，仍然有許多對書有無敵熱情的出版業者與書店致力於推廣各種非讀不可的書籍。每每讀到這種書，總是要心懷感激的感謝所有人的堅持，這本書才能夠來到我們的面前。

更重要的是，我很慶幸我們可以活在這個自由的年代裡，可以隨心所欲的去接觸去閱讀各種觀點的書籍。讀書的人不會被消失，也不需要躲躲藏藏。閱讀所帶來的愉悅，就像跑步。多數的時候，看起來不過是雙腳輪流的踩到地面，但內心的澎湃與那一萬個念頭，只會發生在某個瞬間。而當得面對更多的現實時，閱讀陪伴我度過許多無力的時刻。它就像一個安靜的守護著你的朋友。閱讀就像是我的太陽一樣，當你需要它時，它義無反顧的溫暖你、陪伴你，為你建造給一個又一個的補給站，讓我得以在人生路上快樂向前。

編註

1 日文書名為「窓ぎわのトットちゃん」，臺灣曾有多種譯本，書名皆不同，有《窗口邊的荳荳》、《窗邊的小荳荳》等。

2 《約翰伯格的四季肖像》，二〇一六年上映，由蒂妲・絲雲頓、巴泰克・茲耶多斯、柯林・麥克比、克里斯多福・羅斯執導。

3 小小書房於二〇一三年十二月所舉辦的「核心之外——初探現當代中歐、波蘭、非洲、俄國、韓國以及拉美文學系列座談」。

4 二〇一七年十一月十八日，在洪建全基金會敏隆講堂舉辦的第三屆銅鐘經典講座，由作家畢飛宇主講，講題為：「談小說（之二）：帶你走進《青衣》的世界」。（參考整理自：洪建全基金會官網 http://www.hfec.org.tw/civicrm/event/info?reset=1&id=1112。）

前進中摸索，摸索中閱讀
——專訪馬懷碩

採訪、撰文／陳安弦　攝影／吳欣瑋

姓名：馬懷碩
出生年：一九九〇年
出生地：馬來西亞檳城
現居地：臺北市中正區
從小到大是否跨城市搬遷過居所？是
每月用於購書的金額約：1000元

前言

二〇一六年，我報名參加沙貓的初級寫作班（以下簡稱初寫），班上總共七個同學，懷碩正是其中之一。初級寫作班一輪十堂課，閱讀和寫作的功課很重，課堂上的討論也不輕鬆，面對許多過去從沒想過的問題、讀不下去的文字、寫不出東西的挫折，很多時候，都能感覺到大家的壓抑與焦躁。隨著課程前進，同學們有人缺席，有人頻頻欠繳作業，有人變得消極退縮，喪失了自信……只有懷碩依然保持著初次見面時的狀態，一直積極地帶動討論，好像眼前的困難竟讓他感到愉快似的，我看著他輕鬆的表情，覺得有點不可思議。

在課餘的短暫閒聊中，懷碩告訴我們，他剛從竹科離職，希望能進入電影產業工作，小小的初級寫作班，算是他為此進行的其中一個準備。他充滿好奇心，對感興趣的事情都想追問到底，有時甚至顯得尖銳；對電影、小說的愛十分深厚，談起喜愛的作品，一方面投注著許多熱情，另一方面，卻又保持著客觀分析的眼光；同時，他也是一位難以捉摸的閱讀者，在文學的領域裡，樂於嘗試不同類型的作品，在文學以外，涉獵的範圍廣及漫畫、動畫、遊戲與同人小說，對新知與新作的求知欲，帶著一種網路世代特有的資訊狂熱感。

初寫課程結束後，宛如一場盛宴漸漸散去，同學們各有各的去向，最後，只剩下兩個人和小小保持著比較密切的關係：我開始擔任小寫出版的編輯，懷碩順利找到了與電影相關的工作，同時也養成了參加世界文學讀書會以及華文文學讀書會的習慣，頻繁參與著小小舉辦的各類活動。有時在小小見到面，除了關心彼此近況，懷碩也一定會問我，最近讀了哪些書？有沒有推薦的作品？零星交換著閱讀與閱聽的資訊。

當為了出版此書，小寫編輯部開始尋找適合受訪的小小讀者時，我立刻想起懷碩。一方面，懷碩的年齡，將近三十而還不到三十，屬於小小書房最年輕的客層；同時，他也會是這本書中，受到網路影響最鉅的受訪者，再加上他身為電影愛好者和影視產業工作者的身分，我好奇他是如何在影視和網路的花花世界裡維持住閱讀習慣？他的閱讀經歷與模式，是否可以在紙本書衰退的今日，給我們一些關於未來方向的提示？

另一方面，與他年齡相近的我，也希望能透過這次訪談，思考、審視自己：三十歲，是一個怎樣的人生階段呢？大概，已經離開學校與家庭的庇護一陣子，不再是社會的新鮮人了，工作或許趨於穩定、或許仍處於變動狀態，但整體來說，可能性與自由度往往是漸漸地在限縮，在這樣的階段，閱讀在生活中會扮演怎樣的角色？或反過來說，閱讀會帶著生活去哪裡呢？尤其，在我身上發生的事情是，過往那種追求著「快樂」、只依循興趣的閱讀，感覺漸漸陷入瓶頸。出口在哪裡？我該如何開始拓展閱讀的類型或加強閱讀的深度？也因為在書店工作，每個月都有大量書訊湧入，每一本書都好像非讀不可的，令人感到十分恐慌——我該成為一個怎樣的閱讀者呢？對未來的不確定感越大，這種恐慌就越強烈。

撇開這些困惑不談，這仍是一次愉快的訪談，我終於有機會一窺懷碩至今為止的人生與閱讀經歷，驚喜於他所講述的，幼年短暫地生活於馬來西亞的故事；他在大學時期，彷如受到天啓一般，愛上電影的故事；以及他和圖書館、和獨立書店的情感連結。更了解了他是如何在閱讀的領域裡不斷摸索，自力前進，因此受到許多激勵。

訪談的過程中，發生了一個小插曲：按照訪綱，這篇訪談將以「閱讀對你來說的意義是什麼？」這個問題作結，但是我們數次約訪，一直爽快回答著其他問題的懷碩，面對這個問題反常地再三躊躇，不願下定結論，甚至乾脆開玩笑說：「我拒絕再回答任何跟意義有關的問題。」我換著方式再問：「那，如果生活裡沒有閱讀，你會怎樣？」他竟反而問我：「那你呢？你會怎樣？」

當場，作為訪問者與撰稿者，內心不免有氣有壓力，更有得不到答案的焦急。但隨著訪談稿逐漸成形，我漸漸覺得，或許懷碩才是對的：對一個正在發展中的故事下定義，既困難，又沒有必要。更重要的，是持續摸索故事的前進方向，以及提問——不斷地提問，就像懷碩一樣，好奇而略帶挑戰的目光。

前進中摸索，摸索中閱讀，閱讀時提問，即使沒有答案也要提問。我們的旅程，才正要開始而已。

訪談

問：有記憶開始「閱讀」這件事情大概是什麼年紀？讀些什麼？

答：關於最早的閱讀記憶，我沒有辦法說出某本特定的書或書名，印象很深刻的反而是閱讀的空間，那是我家裡最不受重視的空間，是一個非常狹長的客房，裡面可能就是一張床、一套櫃子，然後有堆一些雜物，我猜。

這個沒有在使用的客房，大概變成了我和妹妹的玩具室。我有印象的是，我在那個房間裡聽錄音帶說故事，那是一套《西遊記》，內容我都不記得了，但是對空間、對錄音帶的質感記憶還留著。

再把鏡頭拉遠一點來看的話，這個家位於馬來西亞檳城，是熱帶島嶼上的一棟透天厝。我爸爸是馬來西亞華僑，檳城是他的故鄉，他大學時來到臺灣，念臺大牙醫系。畢業後在臺灣工作了幾年，和我媽媽結婚，然後回去檳城工作兩年；兩年之後又回到臺灣，趕上了一九九〇年代臺灣經濟蓬勃發展的末期。

所以我童年時期的移動，基本上可以說是跟著我爸爸的工作跑。這幢熱帶島嶼上的透天厝，就是他回到檳城的那兩年，我們家住的地方，那時我是七到八歲。

檳城是一個非常非常小的島。馬來西亞的人口比例大概是五成的馬來人、三成的華人跟一成的印度人，但是在檳城，因為地方歷史的關係，華人占了四到五成左右。它是個非常炎熱的熱帶島嶼，一年只有夏季跟雨季，島上有很多十八世紀英國殖民時期留下的建築，算是個旅遊勝地，不過因為周圍的水域裡棲息著有毒水母，所以水上的娛樂活動會受到一些限制。

回到那間房子，它是一棟英式的獨棟透天厝，建材是水泥，外面漆成白色，建在一條非常繁忙的快速道路旁邊。建築物的第一層是停車場，大概可以停五輛左右的車；第二層有三分之一是我爸的牙醫診所，另外三分之二是起居空間，當時大部分的牙醫師都過得滿苦的，會花非常長的時間在診所裡面，我爸爸的小確幸就是中午只要走兩、三步，就可以回到自己家廚房吃飯。

房子另外還有前後庭院，都是可以停個兩輛車的大小。我媽還滿會照顧庭院的，前庭院裡種著一棵非常高大的紅毛丹樹，會結果實，就是紅毛丹，非常好吃。紅毛丹樹很難爬，它的樹皮非常的脆，是會滿手黏到樹皮的那種脆，所以我沒有學會爬樹這件事情真的是太遺憾了。

某種程度來說，我爸是嘗試要接近醫生階級對於生活的想像：前庭後院、客廳電視、主臥室、一張非常大的餐桌，會說中文的印尼幫傭幫忙照顧我跟妹妹。當時，馬來西亞僑生算是很有機會透過體制跟關係，進入比較好的學校、職業和生活，但我爸在整個求學、工作的過程中，一直和他的主業搏鬥得非常辛苦，大概是因為這樣，他更努力在追求他的中產階級夢。

問：家人有閱讀的習慣嗎？是否支持、鼓勵您閱讀？

答：我猜我爸爸是可以享受閱讀的快樂的，他喜歡旅遊書和歷史類的書籍，但是他的工作實在太繁忙，可能實際上看得不是那麼多。媽媽就真的不是閱讀者了，家裡是有買書的習慣，也願意買書給我，但他們自己不看、不買。

關於書或閱讀，我還有另一個很深刻的印象，就是校園書展。這也是七、八歲的時候，那時我還在檳城，繁體字的書不多，可能中文的書都不多，主要還是英文書，我不太確定為什麼？檳城明明有許多的華人居住，而且我讀的還是華語學校，Why? Anyway，平常中文書不太會出現在我的身邊，但是那個校園書展，可能一年一次或兩次，會在學校集會的禮堂裡面，把長桌全部拉出來，然後疊滿了書。我不記得半本書的書名，也不記得我有沒有買，可是它是一個快樂的記憶。

這應該就是我小時候少數跟閱讀有關的記憶，都是在七、八歲的時候。

問：回到臺灣後，閱讀的狀況？

答：搬回臺灣，好像是因為當時臺灣的經濟環境比馬來西亞更好一點。回臺之後，我們家租房住在信義區，那種四層樓、要爬樓梯的小公寓裡面。那時我讀小學三年級，從那時候起，我閱讀的空間就離開家裡，轉移到永春圖書館（臺北市立圖書館永春分館），和臺北信義威秀影城（以下簡稱信義威秀）二樓的何嘉仁書店——多年來就這麼一間，後來關掉了。我唯一會在家裡看的書就只有一套金庸，那可能是五、六年級的事情了，那時候才有辦法讀這麼大本的書。

永春圖書館就在永春市場旁邊，那裡有一套書，是我的漫畫初啟蒙：《諸葛四郎》，這漫畫非常的少男。另外還有一本書，是得過紐伯瑞文學獎金牌獎的《洞》，這本書是一個變態的書啊！故事我不記得了，但是印象很深的就是，有一些學生或青少年被處罰，要在某個堅硬的地面上挖洞，書裡面就對挖洞這件事情展開非常具體的描述：勞動的痛苦、手指破皮什麼的。

在信義威秀的何嘉仁書店那裡，我讀的是一套奇幻小說，龍啊、騎士啊，中世紀那種，可能是九冊或三冊一套，但它真的很不有名，我已經找不到書名了。這套之後就是《哈利波特》了，那時候我差不多十二歲，跟哈利．波特同年齡，讀到《哈利波特》真的是……哈囉！恭喜進入《哈利波特》時代！非常幸福。

十二歲以前最後一個比較深刻的閱讀記憶，就是我媽媽到了國小三、四年級還會唸故事給我聽這件事情。她是一個非常好的敘事者，非常會講故事，有一次她唸了一個故事，我等她講完之後，拿起書來看，卻發現我對書的內容非常的失望，這個記憶非常強烈：關於聽故事的快樂，跟閱讀時的失落，以及兩者之間的落差。

基本上，這個階段的我是一個「故事」的閱讀者，從漫畫、奇幻小說、金庸、《哈利波特》，甚至最早對《西遊記》錄音帶的印象，都是以故事為中心的。不過我一直都沒有喜歡過偵探推理或驚悚類的作品，唯一的例外是派翠西亞．海史密斯的《火車怪客》和雷普利系列。我的閱讀喜好其實還蠻平庸的，但我覺得沒有不好。

問：《哈利波特》全套的出版時間其實拉得很長，第一集出版是兩千年，第六集出版時則已經是二〇〇五年了，在這段期間內，閱讀的形態有所轉變嗎？

答：後《哈利波特》時代——也就是我十二到十五歲，念國中的時候，當時最重要的事情就是我進入網路閱讀時代了，說起來有點羞恥，但我最早是在網路上看到《小朋友齊打交》的電玩同人小說，之後就開始透過同人小說，認識各種漫畫、動畫、電玩或電影作品，也開始看中國的網路小說。

當然實體書在這段時間沒有缺席，但它不是閱讀的重點，說不定我一年只有讀三、四本紙本書，或者只看新出的《哈利波特》，但我同時有一個強烈的印象，就是我沒有放棄紙本閱讀這件事情——有可能是看的類型很雜，例如說當時滿流行的龍應台；我也一直很喜歡書信體、日記體這種鬆散的文字，像爾雅出版的國內作家的日記叢書系列，我可能看了

七、八成吧。整體來說，就是用看小說的方式去看所有接觸到的書，很快速的吃下大量東西，說起來還滿不健康的。

我從小到大都算是好學生，那時候念的是信義區的一般國中，雖然不是名校，但升學率也還算不錯，國一、國二時我沒有太大的課業壓力，所以閱讀對我來說也不是避世的空間，就只是一個休閒嗜好，一直都是非常愉悅、完全沒有方向的。相對來說，體系內的教育在閱讀方面沒有給出任何的支持，我連到學校圖書館的印象都沒有；另一方面，當時父母相當重視我的學業成績，所以我花很多的時間在補習上，而日是超前於學校教學進度的事前補課，包含物理、英文、數學，所以那時候已經沒有逛書店這件事了，能出沒的地點不是學校就是補習班，不然就是宅在家裡玩電腦，要一直到國三，升學和課業的壓力來了，大家晚自習的時候會躲到租書店裡聊天，我才比較有機會去補習班以外的地方。去租書店讓我接觸到日本漫畫，但也因為課業壓力，所以我的漫畫閱讀也是非常粗淺的，沒有真正沉迷到裡面去。

問：談談高中時的閱讀。這段時期，體制內的教育或同儕，曾對您的閱讀產生影響嗎？

答：高中時我非常幸運地進入了師大附中（國立臺灣師範大學附屬高級中學），我那時候念數理班，班上有閱讀興趣的人非常非常少。我覺得高中男生要沉浸在閱讀裡，可能不是一件很容易的事情，因為那時候真的是大量的荷爾蒙，會讓你要動。我在同儕裡面閱讀量應該算多的，尤其是看網路小說的量，那時也不再看同人了，都是看原創的。這種網路原創小說的閱讀雖然跟漫畫差不多，但是又沒有機會取得類似經典漫畫的地位，因為它們的書寫非常不成熟，完全是聚焦在故事的連載，以及奇幻、武俠、穿越、仙俠這些類型故事的魅力上面的。

高三的時候，因為課業壓力的關係，我又回到圖書館去，不過這次就不是永春圖書館，是臺北市立圖書館總館。表面上，我都跟人家說是去那邊讀書，但其實是在逃避，一直翻圖書館裡面的書。小學的圖書館經驗、紙本閱讀經驗，從這邊開始接了回來。

這個時候對於閱讀類型的取捨就很明確了，除了奇幻小說以外的翻譯文學當時還讀得少，主要是中文文學，部分是因為學校教育開始讓我們讀散文作品；也因為我在這個階段遇到一本很重要的書，哎，就是邱妙津的《鱷魚手記》。那是一個意外——你就想想看，一個在準備學測的附中學生，在一櫃一櫃的書之間遊蕩，隨手撿起一本有提到附中的小說，裡面有一個附中的角色。這是我第一次被同志題材的作品打動。後來，我才逐漸意識到邱妙津和《鱷魚手記》對於我前後的世代有非常、非常強大的影響力在，我不只一次，聽到身邊的人在說：「我已經過了邱妙津自殺的年紀了。」這本書為我帶來了邱妙津的其他作品，也吸引我更深入中文文學、華語文學。

那個時候誠品對我還有一點影響力，我會去逛信義誠品，但因為沒有經濟獨立，所以沒有買書。

問：到了大學以後呢？大學幾乎等於是全然自由啦，這一段的閱讀應該會有很大的改變？

答：對，大學太重要了。首先是從學校獲得的美學教育。我讀的是清大工程與系統科學系，工科系，但在大一、大二期間，我從大學的通識課裡面得到很大的養分，音樂、藝術史、攝影、影像美學、小說，很全面的八到十堂課，足夠培養任何一個人去學習如何認識藝術。身為一個平庸的讀者，我不會很有意識地去安排自己想要吸取的內容，但是那個課程的吸引力足夠強烈到讓我附上去，這個時期，我的閱讀很明確是跟課程、老師連結在一起的。

再來，影視類的閱聽進來了。由於家裡的管制，我在大學前幾乎沒有影視的閱聽，國、高中時家裡雖然已經有網路，但那時網路還是撥接的，沒辦法傳輸高畫質的影片，Youtube也還沒有誕生，所以很難透過網路來取得影視內容。

大學開始沉浸在影視閱聽裡面以後，紙本閱讀的空間和時間就被大量侵占了。不過，從我的閱讀脈絡來看的話，我會覺得影視的「閱聽」跟紙本的「閱讀」對我來說，沒有太大的差異，因為都是讀故事，大量攝取故事跟小說嘛，所以我自己並沒有明確地區分這兩者，而且紙本閱讀的習慣還是一直保持著。

關於影視類，尤其是電影這塊的開展，跟清大的夜貓子電影院有關，這是一個我非常喜歡的故事，嗯，我來想想怎麼把它講得好一點。

講得稍微誇張一點的話，那就是你一踏進校園，拿到第一張傳單，傳單上的那一場，就會是你命中註定的活動……但不是啦，實際發生的事情是，你去逛人擠人的社團博覽會，拿到了一百張傳單，你注意到其中一張，知道它是你命中註定的傳單，你不一定立刻就去參與，但是你會不停的關注這個活動。

我在夜貓子電影院看的第一個影展是費里尼，第二個影展是胡金銓——想說武俠電影應該沒問題的，但是我當時對武俠電影的理解和期待完全是好萊塢式的，然後他們播的是《龍門客棧》，所以我並沒有看完（笑）。

那時，我基本上還處於一個對電影一無所知的時期，但是夜貓子電影院之於我，漸漸成為一個像是祕密基地一樣的空間——另外一個地方就是清大蘇格貓底咖啡店。夜貓子電影院是清大總圖跟藝術中心合作的活動，每星期二跟六，晚上九點還是十點，會在清大總圖八樓視聽室放映電影，放的全部都是經典作品，免費入場，可以隨便進出。夜貓子電影院的選片、放映和執行，由藝術中心負責影像的職員舒亞、蘇格貓底咖啡店的老闆貓哥，還有藝術中心的劉瑞華主任（已卸任）一起運作，劉主任是清大經濟系的教授，同時也是個大影痴，他非常重視科幻電影這一塊，所以夜貓子電影院除了每個月選一位導演，播放這位導演的重要作品以外，每年都還會挑一個月，專門放經典科幻電影。後來，受劉主任影響，我也開始閱讀科幻類的小說。

問：那，這個時期曾經出現您命中註定的電影嗎？它對您的影響是什麼？

答：有！但它不是「命中註定的電影」，它是「命中註定突然間看懂藝術電影」的那一部電影：義大利導演安東尼奧尼的《紅色沙漠》，這部片講的是虛無、後工業、人生漫無目的，還有大美女，真真正正的大美女（義大利女演員莫妮卡．維蒂）。這部電影讓我了解到說，噢，原來電影可以是這樣子，原來電影可以這樣被呈現，原來電影可以這麼好看！這件事情發生在大二、大三中間吧，等於就是剛剛說的美學教育建立得差不多之後，接下來整整五、六年，真的是我看電影的黃金時代。

當時圖書館是非常重要的，毫無疑問，不僅是紙本閱讀來源從圖書館來，我的閱聽經驗也全部是浸在圖書館裡的。那時已經有所謂的「臺灣聯合大學系統」（簡稱臺聯大），清大、交大、陽明、中央的學生，可以同時使用這四間學校的一些資源，例如跨校選課啦、共用圖書館館藏等等。所以我當時不僅可以自由進出清大圖書館、交大圖書館，還可以用臺聯大代借書系統從中央、陽明的圖書館調書；清大又分成總圖、人文社會學院圖書分館、物理分館等等，而且交大的影視館藏非常豐富——雖然那時候網路上已經有無限的盜版電影可以下載了，但是在學校，DVD還是遠比盜版電影容易取得，尤其如果你想看的是經典作品的話，有豐富的館藏這件事情太太太重要了。我畢業之後還有兩年左右，離不開清大圖書館，不過校友身分就不能夠使用臺聯大系統了。

問：剛剛說，大學時期雖然著重於影視類的閱聽，但是並沒有停止紙本的閱讀，有沒有印象深刻的書呢？

答：隱匿的詩集《怎麼可能》，它當然不是我讀的第一首詩，或是第一本詩集，絕對遠遠不是，但是它夠簡單、夠虛無。為什麼這本書對我很重要？我覺得這幾乎無關閱讀經驗，就是喜歡而已，然後它同時跟一些事情有很強烈的連結：跟有河Book、跟獨立書店、跟我和一個很喜歡的女生第一次約會是在有河Book有關——但那時候我不認識隱匿，也不認識686（詹正德），我那時候才十八歲。

我認識隱匿跟686，都是透過作品，也差不多是同時期，但是途徑完全不同：隱匿是透過圖書館裡面撿起來的一本書；686則是影評人，我是在部落格上讀到他的文章，也就是說，他屬於一直伴隨著我、占據我成長歷程一部分的網路閱讀這一塊。

問：離開學校之後呢？有保持閱讀的習慣嗎？

答：再來就當兵啊，當兵就是快樂的一年，我是海巡署的一般兵，待在北海岸龍洞附近的南雅安檢所裡，那是海巡署底下一個很小很小的單位，幾乎不需要處理任何事情，生活相對單純。那時因為電子儀器的使用被限制，紙本閱讀比大學時期多，但我只記得幾本：當兵最辛苦的是新訓，新訓時我先帶了一本《莫泊桑短篇小說集》進去看，但很不喜歡，所以第二本就帶了卡爾維諾《如果在冬夜，一個旅人》，這個時候我雖然還沒有真正進入文學的閱讀，但應該已經是一個熟練的讀者了。

至於為什麼是卡爾維諾？大概是透過社群媒體接觸到的。當時臺灣已經從部落格時代過渡到自媒體時代，網路上很多意見領袖在推書，我沒有固定追誰的推薦，就是都看，然後參考用這樣子。

也在當兵那一年，我認識了小小書房。契機是任道開的邱妙津讀書會[1]，我只參加了那麼一堂，但是我覺得任道帶讀書會是帶得滿好的，要帶領一個不認識文學的人進入文學，任道其實是很適合的，他的閱讀方式，是把每個字句都揉碎，再吐出來，並且有一個很強烈的、把你吸進去的黑洞般的力量。同一年還我參加了幾次小小舉辦的「影迷俱樂部」，那是由許岑竹、黃亞歷主持，肥內（王志欽）、陳平皓輪流導讀的實驗電影講座，他們都是非常好的電影工作者，但是我也只參加了兩、三次，之後我當完兵，找到竹科工程師的工作，也搬到新竹去住，就比較難繼續到小小去。

開始竹科的工作、有經濟能力可以買書之後，就進入了獨立書店時期。那時候對我來說比較重要的獨立書店應該是淡水的有河book，和竹東的瓦當人文書屋。去有河就是買隱匿的詩集，去一次買一本；瓦當那時剛開幕不久，而且重點是，竹東是個客家小鎮，那裡的東西非常好吃，根本就是個天堂！那時騎車到竹東，會去先吃一家義式手工冰淇淋，然後吃點粄條之類的小吃，再去瓦當參加閱讀、音樂會或是電影欣賞的活動。

那時候打開的是歷史類的閱讀。在竹科工作，由於工時長，不但閱讀時間會被大量的壓縮，也很難集中精神去接收影像訊息，影視類的閱聽因此變得非常困難。所以那時候只能讀比較鬆散的文字，木心那一套《文學回憶錄》就以歷史的視角出現在這裡，另外還有一套《偉大的追尋：經濟學天才與他們的時代》，那是從十九至廿一世紀的經濟學傳記史，很好看。

所以，下班之後、換完衣服，開始倒在床上看書。自己的時間也很少，不能看電影，我也很累，工作了一年半就離職回到臺北了。離職了三、四個月之後，我開始慢慢在為進入電影相關產業做準備，參加了一些工作坊，也報名了小小的初級寫作班，這時候我已經二十五歲了。

問：參加初級寫作班以及讀書會帶來的改變是？

答：初級寫作班帶給我的其實是文學閱讀的方法，至於真正的文學閱讀、內容的閱讀可能更晚，要到初寫結束，開始上沙貓的世界文學讀書會。所以我不太會把上初寫之前的閱讀經驗歸類為文學的閱讀，就像剛剛一直說的，那純粹是故事的閱讀這樣子。

讀書會對我來說很重要。其實，除了世界文學讀書會以外，我自己還有參與一個電影的讀書會。我覺得「討論」這件事情對閱讀很重要，當然對閱聽也是，它其實非常像在打網球，打網球要兩個人才打得起來，而且你要找到一個能力跟你差不多的人來打；讀書會也是，需要一個或一群能夠跟你對話的人，而且這個對話的模式是需要被培養的，需要有默契的。

問：可以推薦給我們五本書，並且談談推薦這些書的原因嗎？

答：第一本是韋勒貝克的《屈服》，這是參加小小世界文學讀書會以來，我最喜歡的一本書。這也是我第一本韋勒貝克的作品，看完之後立刻就喜歡上他，趕快去找了他的《情色度假村》、《誰殺了韋勒貝克》——就是《地圖與疆域》[2]，還有《無愛繁殖》，一口氣看完。我很喜歡《屈服》的主題，韋勒貝克虛構了一場發生在二〇二二年的法國總統大選，這場大選的結果，使得法國在經濟、教育、婚姻等諸多層面上走向「伊斯蘭化」。這本小說尖銳地觸碰了伊斯蘭文化在當代歐洲造成的影響，它的議題和表現手法，對我來說都是非常新穎且當代的，非常強烈地吸引我。

第二本是娥蘇拉．勒瑰恩的短篇小說集《世界誕生之日：諸物語》。勒瑰恩的作品，我先是看了《地海六部曲》，接著是《黑暗的左手》，然後就是《世界誕生之日》，現在卡在《一無所有》的第二章——我實在太喜歡那一章裡面關於「牆」的描寫，每次看到那裡就會停留很久。

五十嵐大介的漫畫作品《海獸之子》。

我接觸科幻作品的時間不算太短也不算太長，是從大學才開始認真累積這個領域的閱讀量。《世界誕生之日》特別的地方是，它是以人類學角度切入的科幻故事，就像是科幻版本的民族誌一樣，我以前從來沒有讀過這種東西，等於是幫我在科幻領域開啟了新的篇章。裡面我最喜歡的一篇是〈成長於卡亥德〉，讀的時候大吃一驚的是〈世界誕生之日〉，想說原來還可以這樣！剛開始讀的時候，只覺得這是一個描寫異星宗教的故事，完全沒有想到最後竟然要從星球原住民的角度來解釋所謂的「外星人降臨」這件事！就順著情節被嚇到，實在是滿愉快的。

第三本書是漫畫《海獸之子》。其實我非常討厭海洋，海洋對我來說，代表著無可比擬的巨大、暴力跟死亡，所以，如果有作品可以用我完全想像不到的方式去描繪、接近海洋，讓我覺得「居然可以這樣！」，我都會很快樂。目前，我心目中有三部這樣的作品：勒瑰恩的《地海六部曲》、盧貝松的電影《碧海藍天》，最後就是《海獸之子》。

《海獸之子》總共有五集，作者是五十嵐大介。五十嵐大介的畫工與風格當然是大師級的，筆觸溫柔，而且故事非常好看，它講的是一個平凡的少女琉花，遇見兩個被儒艮養大的少年，這兩個少年的名字分別叫做「空」跟「海」。他們三個相遇的時候，世界各地的海洋生物館裡頭的魚，開始莫名其妙的消失——不是死掉噢，是消失。這些消失的魚種，身上都有白色點狀的斑紋，牠們即將要消失的時候，身上的白色斑紋會發出一種神祕光芒，看起來就像海中的星星一樣。你不覺得聽起來就非常地美嗎？故事就從看見那個光芒的主角們，開始調查這個現象開始。這個故事很複雜，我其實沒辦法完全理解裡面的劇情，但是就非常喜歡。

下一本是隱匿最新的詩集《永無止境的現在》。我喜歡隱匿的程度，是會自稱「隱迷」的程度，關於她的作品實在有太多話可以說了。隱匿的詩不複雜，就是單純地把她生活裡面遇到的事情寫下來，例如在有河時期，隱匿的詩裡面會一再出現有河的窗景、對面的觀音山、窗外的樹等等。讀她的詩，你會感受到強烈的厭世感，可是用厭世來描述她好像又太過簡單了，她會明確的告訴你，她經常對這個世界感到憤怒，也沒有很強烈的活下去的欲望，可是一個不用心過活的人怎麼可能寫下這樣的文字？她的每一首詩、每一篇文章都大聲吶喊著不喜歡這個世界，吶喊裡面卻又充滿了旺盛的生命力。隱匿就是臺灣的辛波絲卡。

在《永無止境的現在》裡，有些詩句特別吸引我，例如：「在我的腳底下／樹木的根鬚往外擴充／各種腐爛中的屍骸／蛆蟲、地鼠和真菌／礦脈和岩層／也都井然有序」，她的視角沿著樹木的根一路往下走。還有「從此以後／你不用再理髮了／你的頭上長出了草／／從此以後／你可以隨意觸摸／樹木的根鬚／可以從樹幹的內部／慢慢往上爬」，或者「即使我／只是一團變動的／原子的聚合／我很抱歉／佔據了世界的／某個角落」，她的視線，好像可以細微到原子或細胞的層級，去描述一個肉眼看不見的世界，或者說，創造了一種超越現實的現實，我很喜歡這種微觀視角所帶出的影像，那是創作者所打造出來的魔術。

最後，我想要把兩本書放在一起講：《電影是什麼？》和《在巴洛克與禪之間尋找生活的空缺：馬克斯．歐弗斯與小津安二郎電影中美學的呈現》。

《電影是什麼？》的作者巴贊，是法國新浪潮電影最重要的影評人之一，這本書是他的電影評論合集。讀到這本書的時候，我已經離開竹科，正在為進入影視產業做準備，它重塑了我對電影的認識，也讓我認識新浪潮以前的電影史，雖然這跟我後來的工作沒有直接的關聯，但是在這時候讀到它還是很重要的一件事情，因為你必須要了解一個產業的歷史，才能往前走。

懷碩所推薦的書，包含詩集、小小書房世界文學讀書會的選書、科幻類，以及電影評論集。

《在巴洛克與禪之間尋找生活的空缺》的作者是王志欽，也就是影評人肥內。在電影這條路上，肥內可以說是我的老師，我很早就透過網路零星讀過他的文章，真正認識他、和他變得比較熟則是因為二〇一六年，建中紅樓詩社在臺大後門附近的後門咖啡（已歇業）辦的電影講座，那個系列講座叫做「重訪前衛性：詩歌・影像・音樂」，肥內是其中一場的主講。後來，我去旁聽肥內在臺藝大的課，和他學到了非常多事情。對我來說，肥內是一個典範，他對電影研究的認真程度是我永遠追不上的。

想把這兩本書放在一起是因為，《電影是什麼？》是有它的進入門檻的，它的第一章就從電影的本體論開始談：影像是什麼？膠卷是什麼？去探究電影的本質和基本概念，這不是一本「單純喜愛看電影的影迷」可以輕易讀懂的書；相對來說，我覺得肥內這本書能夠幫助影迷們「越界」：臺灣介紹小津安二郎的書不多，和馬克思．歐佛斯放在一起談更是少見，你可以透過它，更了解小津或馬克思．歐佛斯，同時，也會稍微理解所謂的電影研究到底是怎麼一回事。

問：最後，談談現在的閱讀方向與狀態，以及閱讀對您的意義？

答：現在的閱讀，文學類主要就是跟著小小的世界文學和華文文學讀書會；電影和漫畫的閱讀，則進入比較有趣的階段，就是我在這兩個領域的累積已經到了某種程度，稍微可以了解作品與作品之間承先啟後的脈絡，例如說，我現在在看《JOJO的奇妙冒險》，能夠感受到它作為一部日本漫畫史上重要的作品，如何影響了我以前曾經看過的許多少年漫畫。再來就是詩，詩一直是我閱讀習慣的一部分，對於詩我可能沒辦法描述或解釋太多，簡單地說，就是當我想要純粹地面對、投入「字詞」的時候，就會拿起詩來讀。以前讀比較多的雜文、歷史類，現在有點停滯下來了；另外，最近有透過小小的哲學讀書會，嘗試要拓展哲學類的閱讀。

至於閱讀的意義，它對我而言是一直在變的。年紀比較小的時候，閱讀是認知世界的媒介；大一點之後，閱讀有時候是為了填補寂寞、填補時間，但是這些都不適用於我現在的狀態。現階段，我沒有能力去說出閱讀對我的意義，可是閱讀，包括閱聽，是我現在生活的全部——不是我生活的一部分、也不是我生活的習慣，就是在工作之外，我個人生活的全部。雖然我也很想把時間花在其他事情上，比如說，好好地談一場戀愛，或者去爬山，或者學會怎麼煮菜，但是現階段，就是閱讀了。

愛字的人

因爲你對書的愛情，我們存在

書名　愛字的人：因為你對書的愛情，我們存在
作者　李偉麟、虹風、陳安弦
美術設計　吳欣瑋 torisa1001@gmail.com
總編輯　劉虹風
責任編輯　陳安弦
校對協力　羅士庭
出版　小寫出版—小小書房
負責人　劉虹風
地址　234新北市永和區文化路192巷4弄2-1號1樓
電話　02 2923 1925
傳真　02 2923 1926
官網　http://smallbooks.com.tw
電子信箱　smallbooks.edit@gmail.com

總經銷　大和書報圖書股份有限公司
地址　248新北市新莊區五工五路2號
電話　02 8990 2588
傳真　02 2299 7900
印刷　崎威彩藝有限公司
初版　二〇一九年六月
ISBN　978 986 91313 8 4
售價　新臺幣五八〇元

國家圖書館出版品預行編目(CIP)資料

愛字的人：因為你對書的愛情，我們存在 / 劉虹風，李偉麟，陳安弦作. -- 初版. -- 新北市 : 小小書房, 2019.06
208面 ;14.8×21公分
ISBN 978-986-91313-8-4(平裝)

1.臺灣傳記 2.訪談

783.31　　107020358

編註

1 二〇一四年四月，由講師游任道帶領的小小書房華文文學讀書會，選讀了邱妙津《鱷魚手記》與《蒙馬特遺書》。

2 《地圖與疆域》為簡體版書名，直譯自法文書名，*La Carte et le Territoire*。